フラクタル心理学で過去と他人を変える法

ひとを変える魔法

フラクタル心理学 開発者
監修 一色真宇
白石美帆

同文舘出版

推薦のことば

接近戦に強い心理療法の魅力とその可能性

２０１９年７月１日
関西学院大学　経営戦略研究科　教授　加藤雄士

「うちの父は本当にだめな人で、母も私も困っています」
「上司が働かないので、私たちがやらざるを得なくて本当に大変なのです」
「従業員が、どいつもこいつも怠け者で本当に困ります」

私は大学教員です。ある時期、大学院のゼミ生たちが、「どうしようもない人（社長、部下、同僚、父母）に振り回されて、私は悩まされている（それでも、私は頑張っている）」といった類の近況報告をすることが多くなっていました。他のゼミ生も、「いるいる、そういうの。困るよねぇ」といった雰囲気で、頷くように聞いていていました。

私は税理士、経営コンサルタントでもあるので、同時期に、クライアントたちから「変えられない困った人（部下、顧客）」の話をよく聞いていました。さらに、私がフラクタル心理学を学び始めた頃は、私自身に「困ったお客さん」が、次から次へと現われた時期でした。

そのような中、「何か変だな」とか、「どうしてこうなるのだろう?」と、薄々疑問に思っていました。何かそこに理由がありそうだったからです。

これらは、まさにこの本に書かれている、半径10メートル以内で起こっている身近な人間関係の話です。著者はこれを、「接近戦」と表現しています。

ところで私は、大学院で人材開発論という科目を10回近く担当してきました。これまで、NLP（神経言語プログラミング）、ニューコードNLP、コーチング、認知行動療法、マインドフルネスなど、さまざまな手法を取り入れて、実験的、実践的に講義をしてきました。3時間の講義を7コマ担当し、受講生の大きな変化を確認することができていましたが、2017年度からの3年間はフラクタル心理学を取り入れた講義をしています。

また、ゼミのクラスでもフラクタル心理学の講義をしてきました。学生たちに、フラクタル心理学を教え始めた最初の動機は、興味深い内容を学生たちに紹介したいと思ったこと、および自分が、教えながらそのコンテンツを消化したいと考えたからでした。

それに先立つ2016年度の人材開発論の講義での何人かの受講生のレポートには、

「すべては何のせいでもない」「この世の中のすべては何の意味も持っていない」「私は、観察する意識である」「すべては架空。妄想の集合体」などと書かれていました。ここまで気づいているならば、さらにその先の風景を受講生に見せることができるのではないか、と私は考えました。たとえば、「すべては何のせいでもない」という視点からさらに進んで、**「すべては私のせいである」**という視点に学生を誘うことができるのではないか、と思いました。これも、フラクタル心理学を人材開発論の講義に導入した動機でした。ちなみに、「すべては私のせいである」ということは、**「すべては私が変えられる（つまり、私の能力は最高に高い）」ということになります。**

フラクタル心理学の魅力と特徴について、さらにお話ししたいと思います。私は、「現実＝直接五感」と言い切る一色真宇先生（フラクタル心理学の開発者）の書籍に関心を持ち、フラクタル心理学の門を叩きました。最初は、２０１７年２月のリーダーシップコースを受講し、そこで学んだ修正文を使い、営業の成果が上がりました。同じ月にマスターコースの入門コースを受講し、「思考は現実化する」「引き寄せの法則」「鏡の法則」といった既存のコンセプトさえも説明できる内容に、好奇心が満たされました。思考がどのようなプロセスをたどって現実化するのか、人が「引き寄せられた」という感覚になるのはどういうメカニズムなのか、鏡の法則といった現象がどうして起きるのかなどを秀逸なメタファーと読みやすい文章で説明してくれていました。

さらに、初級コース、中級コース、上級コース、カウンセラーコースと進むにつれて、次から次へと知的好奇心を満たしてくれる世界が待っており、コースが開催されていた東京の表参道に、自宅のある愛知県から1年以上通いました。

さらに、最上級クラスであるフラクタル現象学の講義では、開発者が人生を賭けて探求、開発してきた話を聞きました。まさに真理探究に人生を捧げてきたストーリーです。この本にもその一端が紹介されていますが、特にお気に入りの話です。

フラクタル心理学のテキストで使われている投影、現象の概念、「思考は現実化する」などのコンセプトは、心理学や哲学、自己啓発などの世界でもともと使われており、それらの概念やコンセプトをつなげてフラクタル心理学をつくったのだと最初は思っていましたが、どうやらそうではなく、開発者自身が体験して発見したことに、既存の言葉をあてはめていったのだと、今では理解しています。

そして、フラクタル心理学のコンテンツのユニークな点は、「一元」という考え方にあるのではないでしょうか。これは言葉で説得したり、行動により変容を促したり、矯正して、周囲の「困った人」を「変える」「なる」（これは二元という考え方になる）のではなく、「**自**

分を変えることで相手が変わる」という考え方だと理解しています。この発想、手法は他の心理療法にはないもので、フラクタル心理学の特徴を表わしていると考えます。この本では、こうした二元の仕組みについて、わかりやすく解説されています。ちなみにマスターコースの講師からは、この一元については3年間くらい実践すると実感できるようになると聞いており、私も実感できる時期が近づいているのかもしれません。

最後に、今後のフラクタル心理学に期待することについてもお話しさせていただきます。一色先生はメタファーやアナロジーを創り出す天才で、マスターコースのテキストは、大変にわかりやすいたとえ話が満載です。学生には、メタファーを学ぶためだけでも役に立つと伝えています。他方で、開発者が現象から読み解いて発見したものを、さらに精緻に理論化していくことについては、今後にゆだねられているものと考えます。その点に私は関心を持っています。

また、フラクタル心理カウンセラーの方には、相談者をサポートし、その人生を変える事例を量産するとともに、その理論化、科学化にも関与する気概を持ってほしいと期待しています。

さらに、医療関係者の方々には、医療現場でフラクタル心理学を活用した臨床例をたくさん生み出し、エビデンスベーストの心理療法にしていくことを期待しています。

私は内観療法が好きで、内観学会員として毎年の内観学会に参加しています。その機序は、フラクタル心理学と似ていることにゼミの講義で気づき、論文にしました。内観療法は全国の医療機関に採用され、たくさんの医療関係者を含む内観学会員が、40回以上にわたる学会の全国大会を行なっています。フラクタル心理学もこれからたくさんの方に支持され、研究されることを期待します。大学院生がどんどん研究してくれるとよいな、と考えています。

また、ビジネスでの活用事例も増え、男性にもっと広がってほしいとも考えています。すでに、私の友人の男性の経営コンサルタントはビジネスでの活用を推進していますが、企業研修にフラクタル心理学の考え方を採り入れるなど、企業全体にその考え方が浸透した組織が出てくることも期待しています。

さらに、教育現場にも採用され、大学2年生のわが家の娘をはじめとする若者が、人間関係の課題に翻弄される時間が減れば、こんなにうれしいことはありません。

今回の著書は、原稿段階でたいへんに興味深く読ませていただきました。本書の冒頭で紹介されるフラクタル心理学に出会ったときの著者の経験談は臨場感があり、引き込まれるようにして読みました。藁にもすがる思いで、人生の秘密を探求しようと思ったことのある方や、フラクタル心理学に興味を持つ方ならば共感していただけるものと思います。

フラクタル心理学についてもわかりやすく説明してあり、いわゆる**「接近戦に有効な心理療法」**の入門書として読みやすい本だと思います。また、マスターコースを学んでいる人の副読本としても活用されることになるでしょう。さらに、私の来年度の人材開発論の講義では、参考図書として推薦しようと考えています。

一人の女性が人生を賭けて探求し、開発してきた世界と、それを受け継いだもう一人の女性カウンセラーの使命感から生まれた本書に、ぜひ触れていただきたいと思います。

―――監修者より―――

発刊によせて
「フラクタル構造」と「法」を知る大切さ

フラクタル心理学開発者　一色真宇

フラクタル心理学は、**「思考が現実化する」**というコンセプトに基づいています。それならば、すでに知っていると思われる人もいらっしゃるでしょう。しかし、それを知っていても、あなたの世界にはどうにもならないことがたくさんあるのではないでしょうか。

それは、**この世界がすべて投影であり、その影が何重ものフラクタル構造でできている**ことを知らないからなのです。そのために、自分の思考が投影されたいくつもの影に、異なる判断をしているために、世界に秩序がないのです。**この判断を「法」と言います。**

つまり、この世界を思い通りに生きるにはまず秩序が必要で、それには「フラクタル構造」と「法」を知ることが不可欠です。本書は、初めての方のためにわかりやすく、「フラクタル構造」と「法」の知恵を駆使して、人生を変えるやり方をお教えしています。

この世界がすべて投影であるというのは、仮想現実の世界と似ています。あなたはこの本を読むことで、生まれながらに身につけていたVRゴーグルをはずして、仮想現実の世界から抜け出し、本当の世界を垣間見ることでしょう。そして、「フラクタル構造」と「法」を理解したなら、この世界の動かし方がわかるのです。

本書の中のフラクタル心理学の理論的な部分、実践的な内容については、私が細かく監修し、理論が正しく伝わるように心がけています。少しでも多くの方に、この理論を理解していただき、人生に革命を起こしていただきたいと思います。

まずは、本書の内容をお楽しみください。

はじめに

フラクタル心理カウンセラー　白石美帆

人生には、誰にでもいろいろな悩み事があります。もしあなたが、次のような状況にあるとしたら、どのように解決しますか？

A．パートナーがわかってくれない
B．職場に嫌いな人がいる
C．上司が認めてくれない
D．上司より自分のほうが正しい

過去の私は、このように考えていました。

A．パートナーがわかってくれない
↓わかってもらえるまで話し合う。それがだめなら、あきらめて相手にしない

B．職場に嫌いな人がいる
→相手を知ろうと努力する。それでもだめなら、なるべく接触しないようにする
C．上司が認めてくれない
→その上の上司を取り込む。それが無理なら、無視して仕事をする
D．上司より自分のほうが正しい
→自分のやり方を通す。それが無理なら、面従腹背する

あなたの対処も、これと似たようなものではないでしょうか。

そもそも、相手との関係、環境の問題、上司との巡り合わせなどは運まかせです。さらに、トラブルが起きたときの対処がうまくいくか失敗するかは、相手との相性しだいとなってしまいます。

だから、できるだけこんな相手に出会わないように生きるというのが、精いっぱいの自衛ではないでしょうか。これが「人生」なのです。

しかし、フラクタル心理学を使えば、相手の存在や性格に関わりなく、自分で根本からこの状態を抜け出し、さらに、**二度とそのような相手に会わない人生にする**ということも可能なのです。本書で、その理由と方法についてお話ししていこうと思います。

フラクタル心理学は、次の三つを提供してくれます。

- **思考が現実化する仕組み**
- **深層意識を知る方法**
- **深層意識の「修正法」**

この三つが解明されたからこそ、あなたの人間関係をあなたひとりの力で解決できる方法があります。

本書は、あなたの半径10メートル以内で起こっているごく身近な人間関係、いわゆる「接近戦」に有効な心理革命を起こすことでしょう。

ここで、この本を読むときのお願いをひとつしたいと思います。

それは、頭の中にある「常識」というボックスのネジを3本ほど抜いて、ゆるんだ状態で読んでいただきたいということです。なぜなら、この本の中の内容はきっと、あなたの常識の向こう側にある知識だからです。

大げさなことを言うように聞こえると思いますが、フラクタル心理学は、天動説の時代に地動説を伝えるくらい、天地がひっくり返る新説なのです。それは、現象と心理の関係についての新説です。

フラクタル心理学の特徴は次の言葉に集約されます。

・この世界には自分ひとりしかいない
・思考が現実化する。１００％例外なく！

このように、フラクタル心理学は「思考が現実化する」という概念に基づいています。これまでにも、この概念を伝えた本はたくさんありますが、フラクタル心理学はそれらとは一線を画しています。フラクタル心理学には、そこに構造と仕組みがあるのです。

そもそも常識というものは、多くの人がそうだろうと信じている基準のようなものです。これは時代ごとに変わってきました。「人生」についても同じように、時代によって何が常識かは変わります。

私たちはこれまで、人生には自分ではどうしようもないことがある、と黙って受け入れてきました。しかし、あなたには本来、自分の人生を変える力があります。もう、黙って受け入れるしかない人生に終わりを告げましょう。あなたは今、新しい扉の前に立ったのです。

本書の中では、フラクタル心理学が発見した、現象と心理の関係性と構造をご紹介しています。**人生は偶然の渦巻くカオスではなく、整然とした構造を持つシステムによってつくられているのです。**その中で重要な「フラクタル」という構造や、「法」といったシステムを事例を挙げて紹介しています。

ぜひ、自分の常識という定規で測らず、「これは、何かおもしろいことを言っているのかもしれない」という視点で読み進めていただければ幸いです。

まずは、私がフラクタル心理学と衝撃の対面をしたお話から始めたいと思います。うごめく感情の嵐の中、小船で先が見えない航海をしていた私でしたが、フラクタル心理学を学んで、自由に羽ばたける人生へ大変革しました。ぜひ、自分の心の中とまわりの世界が連動していることを感じてみてください。あなたにも、人生をあきらめず何にも囚われない自由な世界の扉が開きますように。

ひとを変える魔法
フラクタル心理学で
過去と他人を変える法
目次

3章

人生を大きく変えた人々

4章

あなたの人生をよくするための知恵

5章 自分でできるフラクタル心理カウンセリング30問

装丁・本文デザイン　ホリウチミホ（ニクスインク）
本文イラスト　草田みかん

1章

ひっくり返った世界

1-1 自分の変え方がわからない

「もっとうまくやれないものだろうか」
「どうしてあの人は、ああいう態度がとれるのだろう」
「私さえ我慢すれば……」

30代前半の私の頭の中は、他人のことでいっぱいでした。自分を取り巻く人間関係に振り回され、あれでよかったのか、こうしたほうがよかったのではと思い悩む日々。まわりに変に思われないかが判断基準で、人の目を気にする。そんなに自分を出しているわけではないのに、相手の態度に一喜一憂していました。そんな気疲れと我慢を繰り返し、心身が疲れきっていたのです。

きっかけは、転勤でした。夫の仕事の都合で福岡県から広島県へ引越しすることになりました。熊本で生まれ、九州を転々として育った私にとって、慣れ親しんだ地域を初めて出る心細さと不安。さらに、それまでうまくいっていた仕事や育児環境が、引越しによって崩れ去ったのです。

環境が変わるということは、とてもパワーがいるものです。それでも大丈夫と思ったものの、想像と実際は違うもので、キャリアも環境も失くしてしまいました。見知らぬ土地で、友人はおろか知人さえひとりもいない。どこを向いても、人付き合いの強制新人。知ってもらうのも知っていくのも、パワーが必要。名前も方言も、覚える努力をするのは自分ばかり。道もわからない。スーパーも病院も、一から探さないといけない。ふたりの幼子の育児は、待ったなしで私を追いつめる。どこにも何にもなじめない。人並にうまくいっていたと思っていたものが、すべて音を立てて粉々に崩れてなくなりました。大きな喪失感から、すべてが一新されたことを受け止めきれずにいたのです。

そんな中、夫も頑張っているからと、愚痴らずよい妻を演じていました。本当は、新しいことを楽しむ気も起きず、一日一日の業務を機械的に終える日々。助けも求めずにいた結果、心の悲鳴のような不正出血が止まらなくなりました。それは、この日から3ヶ月以上続きました。無理をしているとき、人は自分に起こっていることの重大さがわかりません。この心の状態を身体で表現していなければ、心で鬱として表現していたのではないかと思うと、今となってあの頃の崖っぷちの状態を恐ろしく感じます。

ある朝、何とか次男を幼稚園に送り届けた帰り道、貧血で心身ともにフラフラになり、うずくまったときに心の奥が叫びました。

「今の私は本当の私じゃない！　こんなに問題だらけの自分は、本当の自分じゃない！」

怒りはパワーです。環境に負けてたまるか！　と渾身の力を込めて、自力で立ち上がりました。そして、どんなときでも自分らしく、人にも環境にも、何にも左右されないブレない自分になりたい、と心の底から思ったのです。

その日から、ストレスをなくす方法を自己啓発本や育児書、医学や精神世界にも答えを求め、自分探しを始めました。本当の私が見つかれば、ブレないと考えたのです。

この頃の私は、自分自身に居心地の悪さを覚え、何を見ても楽しいことはなく、笑顔の人を見ても笑顔になれず。人に対して、あれこれ思っては心がざわつき、自分の日常を他人の人生のように傍観していました。そこから、自分の考え方ややり方を変える方法を探しました。

直面する対人ストレスから心をリセットする方法を探したり、ひどいことを言える人をかわいそうな愛のない人として、自分は相手より少しはマシだと捉えてみたり。育児での怒りは、子どもと離れてみろと書いてあれば、本当に離れるわけにはいかないので、トイレにこもって深呼吸をしてみたり。瞑想や運動も取り入れました。

自分を変えるということは、これまでの自分の一部をなくして、新しいものを取り入れるということですから、ずいぶんと無理をしました。自分はどうして気疲れするのだろう。あの人みたいに言えたらいいのにと強気な人を羨んでは、真似をして失敗し、「そんな人だとは思わなかった」と誤解されて、やらなければよかったと大後悔したり。逆に何もしなさすぎて、誘われなくなったことをまたクヨクヨと悩んだり。

その時々に湧いてくる感情への対処法と、本当の自分を探すという無理を繰り返して、いったんは落ち着き、また感情がぶり返すという無限ループの中を抜け出せずにいたのです。

その結果、私が実践した自分を変える方法は、感情が揺れるまでは効果的だったのですが、一度揺れた感情にはどれも無効だということに気づきました。一度揺れた感情は、まるでオールなしで海に投げ出された小さな船のように、風にあおられて大小の波に揺れ、波しぶきを浴びながら、ただただ凪が来るまで揺らされるだけだったのです。何とか、小船が揺れない方法はないものか。それは、自分をうまく変えることができれば叶うのではないのか？

当時の私はストレスの原因である怒りや悲しみ、うつうつとした感情を取り去る術を探し続けていましたが、何を実践しても感情をコントロールできなかったのです。

そこで気づいたのです。私の求めていた感情のコントロールとは、高熱のときの解熱剤

ゴールを設定しなければ変化はあり得ない

のように瞬時に熱を治めてくれるものではない。そもそも感情が揺れないようにすることだ。感情が揺れない自分というのは、トラブルのない自分になることが一番いいのではないだろうか。

熱を出してからの対処ではなく、風邪をひかない策を見つけるのだ。浮かべた船を揺らす波を鎮めることがむずかしいなら、その船を陸に上げる方法を探そう。

それがきっと、私の心身の健康を取り戻す方法だと思ったのです。

自分が変われば何かが変わるはず。

では、何をどのように変えたいのか。

今の自分と違う自分になることが病気も

感情のブレもなくす方法なら、それはどんな自分なのか。どんな自分になれば、それは変わったと言えるのか。

本当に変わるためには、いわゆるゴールの設定が必要でした。地図アプリに目的地を入れないと、そこまでのルートが表示されないように、「私はどうなりたいのか」というゴールを設定することは、新しい旅の第一歩です。人生ならば、ルートとは変わるための手段や出会い、方法の実践を指します。これが経験という道筋となり、少しずつ今の自分とは違う位置に移動していきます。その結果、ゴールからこの道のりを振り返ったとき、このスタートとゴールの比較の差で、私たちは変わったと自覚できるし、まわりからも変わったと言われるのです。やみくもに変わりたいと言っても、ゴール設定なしの変化はあり得ません。

私のゴールとは、どこに行っても自分らしく、人間関係を円満に過ごせる自分になりたいというものでした。これが私の求めていた、「今とは変わった自分」でした。うまくやれる自分になれる方法を探したところで、それはトラブルの対処法でしかないということは、トラブルもストレスも永久に続くということです。根本的に何も変わらない。結局、憂鬱な明日をうまくとりなす日々は変わらずやってくるのです。

そんな毎日を、そんな自分を変えたい、と本気で思いました。

ですから、まずは自分がどうなりたいか、というゴールを設定してみたのです。そうすると、変化がありました。その日、いつものようにパソコンに届くさまざまなジャンルのメールマガジンをチェックしながら、私の手は止まりました。

すべては自分が創っている

とても魅力的で恐ろしい言葉でした。身体の健康を考える情報が満載だったメールマガジンで、ひときわ異彩を放つこのひと言に、私の心は吸い込まれていきました。「怪しい」と思いながらも、それからその人のブログを読み、毎週届くメールマガジンが楽しみになった頃、メールマガジンの文末で一冊の本が紹介されました。

宮崎なぎさ（現・一色真宇）著『人生乗り換えの法則 望み通りの人生を創り上げるＴＡＷ理論』２００９年講談社発行。この本の紫色の背表紙には、こう書いてありました。

思考グセに気づいて、修正すれば
自分の人生のシナリオを
自由に描けるようになります！

読み始めたら止まらない内容でした。それは若いビジネスマンと宇宙人との対話で、人生の仕組みが語られていました。その本の中には、ひとつの例がありました。ニートの弟を持つとしたら、ビジネスマンの兄の世界では、兄自身の働きたくないという深層意識の投影だ、とはっきり書いてあったのです。そして結果、会社をクビになったことも、働きたくない思考の現実化だと書いてあり、さらに衝撃でした。もちろん、本人に働きたくないという自覚はないので、望んでいない不幸な状況となるのですが、**思考の現実化とは時差があるため**、忘却の彼方の意識が他人や現象となって現われるというのです。それが現われたとき、自分とは思えないので、「そんなこと1ミリも思っていません！」と言いたくなる仕組みだと記されていたのです。

時差は地球だけではなく、心にもあるのか！

すべてを知ってしまったような希望と不安。人生の仕組みを知り、コントロールできるようになったとしたら、ドラマのあらすじを先に読んでしまったようなものです。しかも、まるで脚本家のように、自分の人生において不都合や不幸が起こらないように書き換えることができるとしたら？　もう純粋な視聴者ではいられなくなるのなら、予期せぬ幸や不幸というドラマチックな体験より、建設的な人生を体験することを望むでしょう。でも、予定通りの人生は、なんだかつまらない。

とはいえ、何度読み返しても、最後はワクワクが止まらないのです。たんたんと進む会社員の主人公と宇宙人との対話は、どれも何となくわかるようで、わからない。もっと知りたいと思わせる内容でした。

「この本のような体験がしたい！」

私は、この本を紹介したメールマガジンの発行者である牧野内直美先生のカウンセリングを受けることにしました。彼女の仕事が、私の今の職業となるフラクタル心理カウンセラーだったのです。

※ＴＡＷとは Theory of an Advanced World の略で、一色真宇が２００７年に体系化した理論です。２０１１年にはフラクタル心理学とＴＡＷフラクタル現象学に分けられ、２０１５年にはフラクタル心理学が正式に商標登録されました。

1-2 初めてのカウンセリング

初めてカウンセリングを受けたのは、33歳の冬でした。年末も押し迫る頃、真実を知りたい気持ちと、何を言われるかわからない不安を抱いて、広島から上京しました。

羽田空港で見上げた空はグレーで、はっきりしない私の気持ちのようにどんよりとしていました。案の定、目黒駅に着いたときには霧のような雨が降り出してしまいました。もしかしたら、私は泣きたくて来たのかしら……。そんなことを考えながら、目的地までメガネが濡れないよう、下を向いて歩く速度を上げました。

都会は、一度来た道を戻ることでさえ、地方から来たものにはむずかしいものです。地図を見ようと立ち止まると、たくさんの真顔の人に追い抜かれ、カバンがぶつかり、「あっ」と思った瞬間、相手は言葉もなく足早に去って行きました。まさに、私の思う東京の人のイメージ通りで、都会の人はアンドロイドのように見えました。

今まで悩んでいたことを書き綴りましたが、それは今だから言えること。表面上は、これまでの人生において、自分には悩みはないと思って生きてきました。実際は悩みだらけだったのですが、認めたくなかったのです。どんなに大変でも、時が過ぎれば何とかなっていたし、気がかりは人に話すまでもない、自分で何とかすればいいと思って生きてきました。人に頼るのが苦手で、身体が壊れるまで頑張ってしまう変な責任感の塊だったのです。人に弱さを見せることは負けだ、と感じてしまう典型的な長子気質でした。

そんな私が、どうしてもたしかめたいことがあり、わざわざこれから始まる60分のために子どもたちを預け、人生で片手で数えるほどしか乗ったことのない飛行機に乗り込んだのです。会ったこともない人を、見知らぬ土地にまで訪ねて行き、さらに胸の内を聞いてもらおうとしている。ある意味、人生初の負け体験とも言えるかもしれません。それほど、私にとってあの本の威力はすごかったのです。

目黒にカウンセリングルームを持つ牧野内直美先生こそ、例の怪しいメールマガジンの発行者で、当時「悩みを聞かないセラピスト」として活躍していらっしゃいました。悩みを解決する仕事なのに、「悩みを聞かない」というのです。傾聴がよいとされる時代に、何とも解せない話でした。ここのカウンセリングの手法は、フラクタル心理学という、あの紫の本のTAW理論をベースとしており、**自分の深層意識を変えるだけで、相手や出来**

事がするすると変わっていくというのです。そして、悩みや愚痴を聞かなくても、出来事を話すだけで深層意識がわかるらしい。ますます解せないではありませんか。

（ここまで勢いで来たものの、宗教だったらどうしよう）

エントランスまで来て、急に不安がこみあげてきました。たしかめるには取り入れた情報が少なすぎたと直前で不安になり、インターフォンを押さずにこのまま駅まで引き返そうかと迷いました。しかし、これでは何も変わらないと、バッグの中から家から抱えてきた、ページの角を折りまくった紫色の背表紙の本を取り出し、ひと撫でし、意を決してインターフォンを押しました。

ここから私の人生は変わったのです。

ここに来た目的は、ひとつ。この本に書かれている『思考が現実化する。１００％例外なく！』ということを体験したい。本当に自分の思考を変えただけで相手は変わるのだろうか。どうやって？

このように、私の相談したい内容は、本の内容を試すかのように、他人のことでした。というのは、やはり自分のことを言う勇気はまだなくて、ただ本の内容の通り、嫌な相手は自分の深層意識の一部の投影ということは本当なのかを体験したかっただけだったからです。

相談内容

①私の仕事先のA社は、B社とは同じ方向性なので協力し合えばうまくいくはずなのに、元祖と本家の争いのように、どちらが先だったかという自分の主張ばかりし、私はいつも、A社からB社の悪口を聞かされたり、B社はどうだと探りを入れられたりする。現在の私は、A社によくしていただいているが、今後B社の人間とも付き合っていかなければならないので、板挟みで困っている。仲よくしてほしい。これが私の思考の現実化だとしたら、本当に私の思考の修正だけで、A社とB社は仲よくなるのか。

②祖母は、自分がルールとばかりに、母を家来のように従えていて、私は母と祖母の間で気遣いをしていた。この原因も私？

③交友関係において、いつも気の強い気分屋の人がいる。私はご機嫌取りをする立場になることが多く、これがストレスである。現在困っている気の強いMさんも、自分の思考の現実化なのか？

牧野内先生は、本当に出来事だけを事情聴取のように聴いておられました。

空間的フラクタル

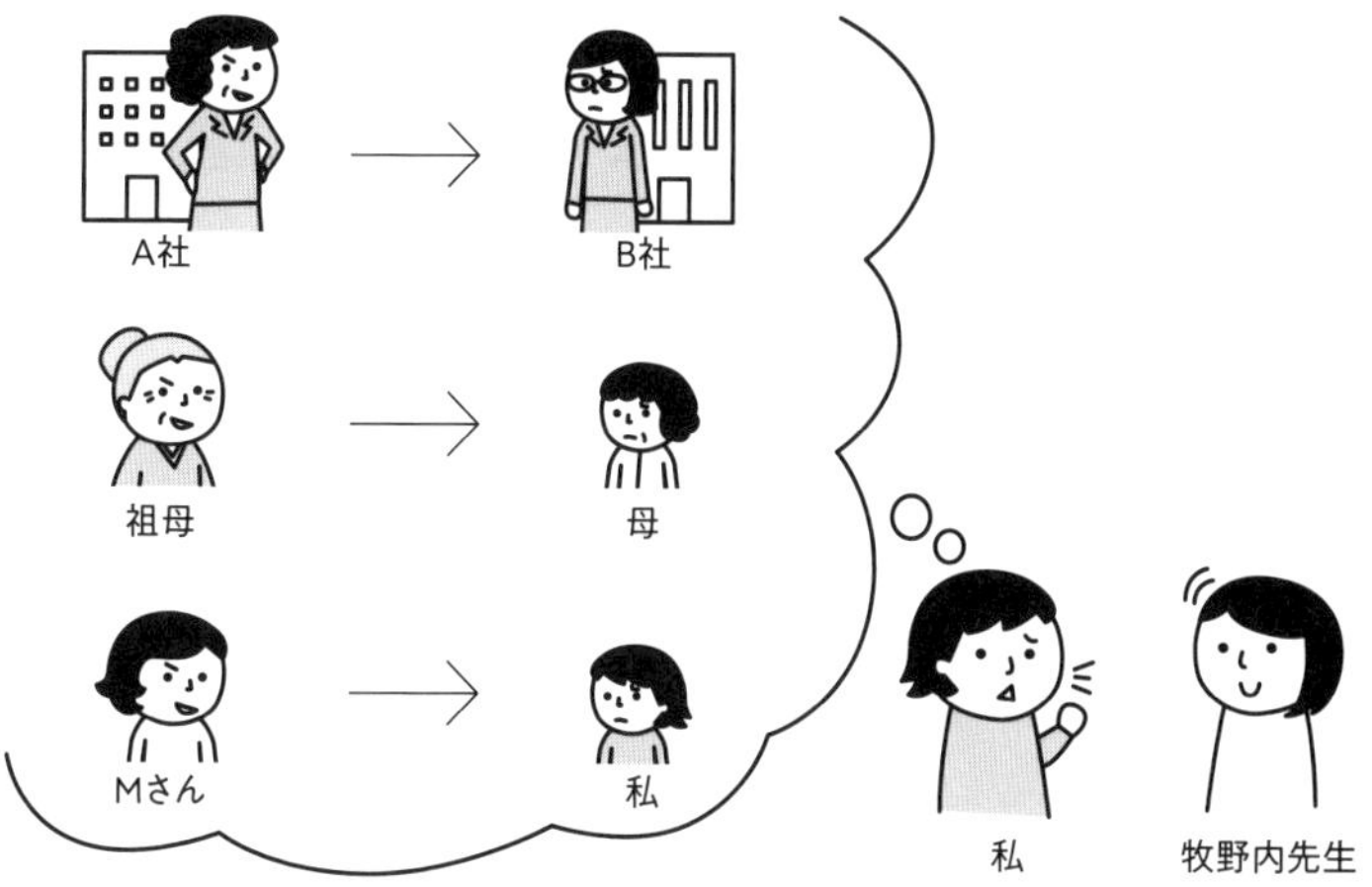

そして、これらをひとまとめにして、こうおっしゃったのです。

「つまり、いつも身近な存在が、『自分が正しい！』と主張するのですね。それが、白石さんの深層意識そのもので、すべての原因です」

「自分が正しい!?　私はこれまでそんなこと一度も思ったことがないです。むしろ、その逆です。ずっと転勤族だったからこそ、人への気遣いにはかなりの神経を遣ってきました！　自分が正しい、私がルールだと主張する人たちに悩まされて、我慢してきた側ですよ」

正直、私は気分を害しました。被害者だと思っていたら、やったつもりは一切ないのに、加害者側だと言われたのです。のちに**『腹が立つことこそ過去の自分』**だということを知り、無意識とはいえ、図星であるからこそ感情が動いたのだとわかりました。今でこそ、この初めてのセラピーに感謝していますが、当時はとんでもないところに来てしまったと思いました。

ところが、そんなふうに抵抗していたにもかかわらず、牧野内先生の行なう誘導瞑想という手法で、私は「自分が正しい！」という過去の自分の意識と出会ってしまったのです。

過去の自分の意識とは、**深層意識**という**心の中に潜む「自分の知らないもうひとりの自分」**のことです。誘導瞑想という、目を閉じてカウンセラーからの言葉をイメージするセラピーの中で、私は自身の幼少期に戻りました。そうすると、小さいのに自分が家を仕切っているかのように傲慢な子どもが現われました。テレビのチャンネル権はいつでも自分にあるのが当然で、親より自分のほうがえらいと思っているようです。まさに、間違った「自分は正しい」でまわりを振り回していたのは、私自身だったのです！

自分の機嫌しだいで相手を振り回す、マイルールでまわりをコントロールしようとする子どもの私は、驚くことにあの自己主張の激しいA社であり、思う通りにならないと腹を立てる祖母であり、ご機嫌とりが必要なMさんというまわりの人たちと一致したのです。

A社の主張、祖母の態度、身近な友人の声……。

「私は正しい！」とあちこちから聞こえてきたあの声は、私の心の奥の深層意識の声でした。小さい子どもの自分としてイメージされたその声は、誘導瞑想という、プロの手法を借りないと思い出せないくらい、忘却の彼方の意識でした。しかし、感じてみるとたしかに外側にいるまわりの人は、いつかの私。今の私がもう覚えていない、深層心理に住む小さな私と同じ主張だったのです。

前述のように、私は本当の悩みを打ちあけたのではなく、その周辺にある問題を話したのですが、牧野内先生は、周辺の話から、本当の問題の根本原因を言い当てたのです。

私を苦しめていたのは、他人ではなく、どうやら「私は正しい」という深層意識の私だったらしいのです。この「私は正しい」という、正しさの基準が、今の私の認識と矛盾していること。ここが問題の根本だったのです。カウンセリングを受けてわかったことは、これまで私が信じていた物事の判断基準は、大人になってもまるで子どもだったということ。事実かどうかではなく、「自分の信じているもの＝これが正しい」だったので、でたらめで客観性がまるでなかったということになります。

「まわりは自分の投影だ」という説明の通り、私の中のこの客観性のない未熟な部分をまわりに投影していたこと。それが外側の世界に映り、A社や祖母やMさんの振る舞いとなっていたとしたら、A社も祖母もMさんでさえも、究極的には私の投影だったと認めざるを得ない。何だか、「悪者は全部あなたです」と言われたような、吐いたつばを飲まさ

「自分が正しい!」の投影

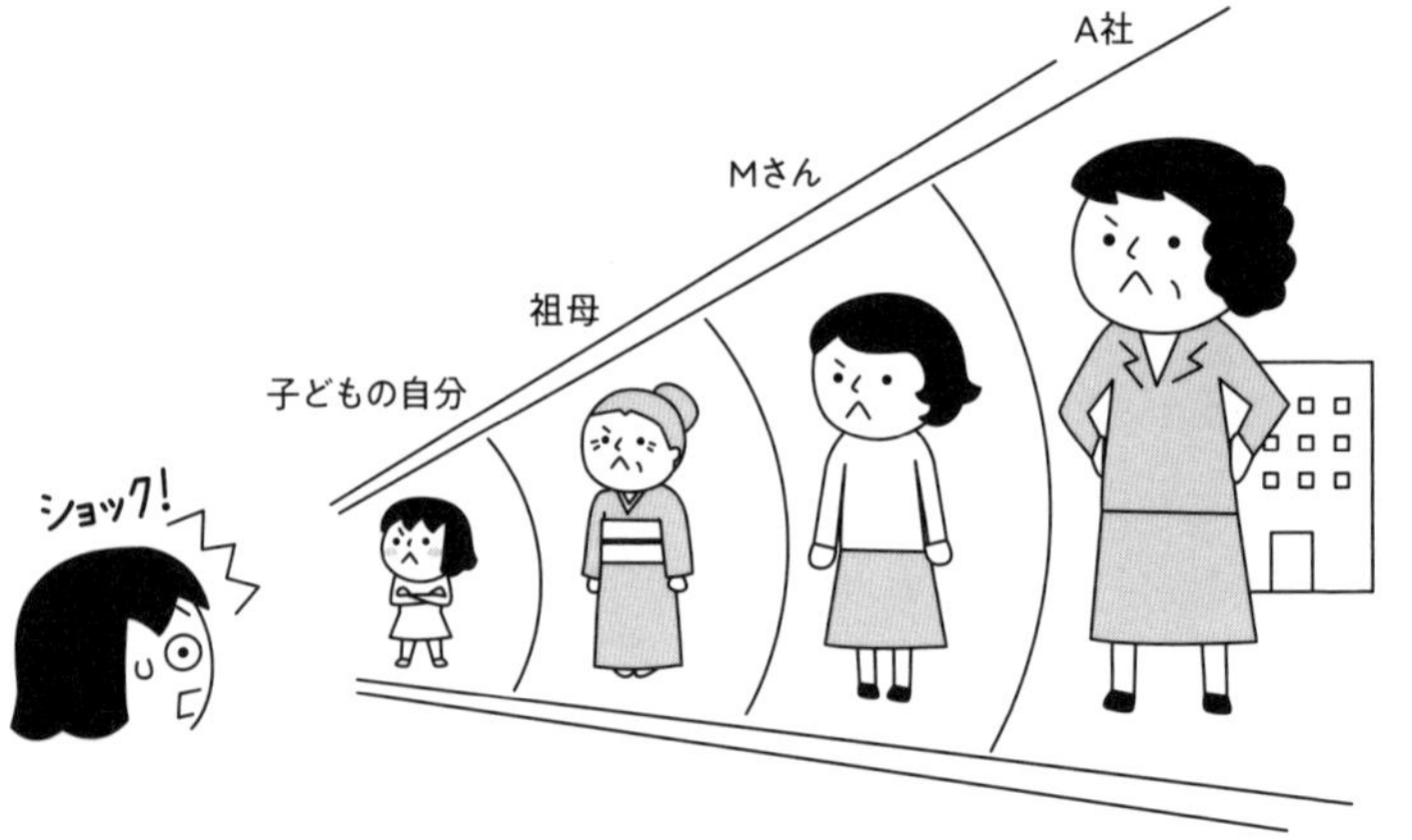

れたような気分でした。

しかし、自分が思っていることが正義だと信じているので曲げない、人の話を聞いているようで聞いていない、持論をゆずらないところも小さな私と同じだと気づいたときには、「これは偶然ではない。ほんの少し話しただけで、隠していた心がこんなにも簡単にわかるものなのか!」と、心が震え上がりました。その衝撃たるや、ボクシングの世界チャンピオンに、構える前に顔面パンチをくらったような大打撃でした。

しかし、この深層意識を知るということは、フラクタル心理カウンセリングではまだまだ解決の入口に立ったにすぎなかったのです。その後があるのです。殴られっぱなしではない。これが大きな救いでした。

1-3 嫌な人の正体

私は最初、自分さえ変わればよいと思っていたのですが、フラクタル心理カウンセリングで感じた「自分を変える」というのは何かが違いました。これまで私の考えていた「自分を変える」とは、前向きな意味ではなく、本当は相手ときちんと向き合いたくない、よい人でいたい、自分が悪者だとこれ以上責められないようにしようという、自分を守ったり、肯定する気持ちを美化したものであり、本当は相手に変わってほしいというのが本音だったのです。

あんなに変わってほしかった**迷惑で嫌な人たちの正体が、自分の深層意識と一致するなんて！**　まさに天につばを吐くとはこのことで、私がつばを吐かれた被害者ならば、つばを吐いた加害者もいつかの自分という時空を超えた自作自演だったのです。

それがわかると、変えるのは今の自分でも、相手でもなく、カウンセリングの中で浮き彫りとなった、私の深層意識の中の、**この間違った自己主張をする部分だということ**が明確になりました。

この間違った、「私は正しい!」と主張する自分を修正する間、涙が止まりませんでした。嫌でたまらなかった祖母の態度も、A社の言い分も、気の強いMさんでさえも、自分の深層意識の一部だと思い知ったからです。しかし、そのことを認識することがこんなにも癒しになるとは知りませんでした。敵の正体が究極的には自分自身だと知ることが、こんなに安心することだなんて想像もつかないものでした。

外に敵はいない
嫌な人は私の深層意識の投影だった

それはまるで影絵のように、自分の指先に光があたり、スクリーンに指先が拡大して映った状態でした。映っているのは私の身体の一部分なのですが、影絵だけを見ると、私だとは思えないものです。しかも、スクリーンは間隔をあけて何枚もあり、近いスクリーンには小さなはっきりとした影。光源から遠いスクリーンには、ぼんやりとした巨大な影が映し出されるという、光と影の仕組みと同じように感じました。私の深層意識は、近いスクリーンでは身近な祖母となり、Mさんとなり、遠くのスクリーンでは、拡大されてA社となっていたのです。これが**フラクタル構造**というものなのです。

外側に何重にも重なって映っていた私の深層意識。外側に存在すると信じていた嫌な人たちが、牧野内先生の誘導する心理セラピーで、すっとひとまとめになり、私の中の小さな子どもに戻っていきました。

まるで影絵のスクリーンを取り去ることで大きな影が消え、元の小さい形が見えたようでした。自分が正しいと傲慢な主張をしていたのは、間違いなく私の深層意識だったのです。小さいくせに、何だか偉そうな私を脳裏に見て、大人の私は笑いながら、子どものように泣き出しました。外側で起こっていることは、自分の深層意識という忘却の彼方の意識の中に元があったのです。

60分のカウンセリングが10年のように感じられる、何とも不思議な体験。けれども、どこか根本的な部分に到達したような爽快さを感じる時間。

終わって帰るときには、こんなに地に足がついた感覚は初めてで、思考は現実化するという仕組みの一端を垣間見た気がしました。

カウンセリングルームのエントランスを抜けると、青空が広がっていました。

ここから、さらに不思議な体験は続きました。九州育ちの私にとって、都会の人は冷たいというイメージは、実際に東京に来ても変わらなかったのですが、そのイメージが目黒駅へ歩くまでのたった数分間で一変したのです。駅の方向をたしかめようと、地図を取り出そうとしたとき、後ろからやってきたビジネスマンふたり組の会話が耳に飛び込んできました。「駅って、こっちだったっけ?」と言いながら、追い抜いていってくれたのです。何だか私に教えてくれたように感じて、うれしくなってその後ろを歩きました。ランチの話題で盛り上がるビジネスマンは、とても楽しそうに見えました。

横断歩道で立ち止まったとき、道路と歩道のギリギリのところに手袋が片方落ちていました。さっきまでの雨で少し濡れたそれを見つめていたら、上品なご婦人がその手袋をすっと手に取り、信号機のボックスのような部分にそっと乗せたのです。てっきり都会の人は、行きにぶつかってきた人のように他人に興味がなく、手袋も踏んでいくものだと思っていたので、私から自然と「優しいですね」と声が出ました。すると、ご婦人は「見つけやすいところに置いてあげないとね」というようなことを言って微笑んだのです。

大げさですが、見知らぬ都会の人たちに血が通っているように見えたのは、初めての体験でした。私は、自分の深層意識の修正をしただけで、世界が何か変わりはじめたことを確信し、はずむ気持ちで空港へ向かったのです。

空の上で興奮気味に、あの紫の本『人生乗り換えの法則』を開き、体験したことをまとめました。自分の深層意識を外に見ているとは、まわりのトラブルに自分の過去の思考パターンを見せられているということ。

トラブルの本質が、あれもこれも自分だと気づいてしまったら、さらに恥ずかしいことに気がつきました。ここのカウンセリングは現象を見ただけで、心の内部をこんなにも解き明かしてしまうのです。

つまり、自分はこんなトラブルを持っていると話すだけで、隠しておきたかった自分の本当の姿がわかってしまうことになります。これはズボンが破れていて、おしりを出したまま走りまわっていたことを発見したくらいに恥ずかしいことです。幼い頃は、おしりまる出しでも恥ずかしくはなかったけれど、大人はそうはいきません。何も知らずにやっていたあの頃とはわけが違います。完璧に隠してあったと思っていたおしりがさらされていたなんて、何たる屈辱でしょう！

自分の心の中の矛盾を初めて知った衝撃より、羞恥とプライドから「おしり、見えてますよ」と伝えてきたカウンセラーを逆恨みしたくなりました。しかし、恨んだところでおしりはそのままです。これは困る。恥部がどうしても見えてしまうのならば、見えている部分をきれいにしなければ。心の中にいる、汚れたおしりの娘にその方法を教えるために、カウンセラーは心理セラピーを行なったのだと感じました。

本当の癒しは、嫌なことに傷ついた自分を癒すのではなく、嫌な人こそ私の深層意識の一部の投影なのだと気づくこと

意外なことに、これは大きな安心感でした。もし、あの人もこの人も自分の深層意識の一部の投影だとすると、嫌な人は相手が自分と関係なしに存在しているのではなく、嫌な人こそ自分の意識のバグの鏡ということになります。

パソコンのバグを直す方法は、間違いを見つけて修正し、再起動することです。心も同じ方法で、自分の中の間違った思考を発見し、修正し、新しいやり方をインストールし、再起動することで、間違った思考を消せる。その過程を、私はカウンセリングの中で体験したのでした。ここから、私の人生が好転していったのは言うまでもありません。

私の中の幼い傲慢さがなくなると、不思議なことにまわりから傲慢な人がいなくなりました。自分とは無関係に見えたA社とB社の関係性さえも変化し、互いを気にせずそれぞれが自社の強みを追求する形となり、業界全体が繁栄していきました。Mさんとは気遣いのいらない親しい仲となり、祖母は亡くなっていましたが、このタイミングでいかに義母が素晴らしい人だったかを母が口にしたのには驚きました。まさに「人が変わる」体験をしたのです。

2章

自分に生じる現象を変える心理学

2-1 運命の手綱をつかむ

1章では、私が人間関係で困っていたことを相談しに、フラクタル心理カウンセラーのもとに行ったというお話をしました。

私の本当の悩みは、自分を表現できなくなり、感情に振りまわされることでしたが、表面上は、横暴な祖母、Mさん、A社のことで、こんなに嫌な出来事も、自分の思考の現実化だと言うのならば、思考をどう修正すれば現実は変わるのかを知りたくて、相談しに行ったのです。

このような、身近な人に問題を感じることは、誰にでもあるささいなことかもしれません。多くの人は、「こんなことは、どこにでもあること」と甘んじて耐えているのでしょう。

職場なら人事異動もありますから、それまで我慢すればいいのかもしれません。しかし、もし、次のような人が家族にいたらどうでしょう?

働かずに好きなことだけをしようとする人、いつも人の悪口ばかりを言う人、自分の時間やお金を家族のために使わない人、すぐに怒鳴り散らして八つ当たりする人、「自分が正しい」と人の話を聞かない人。そんな人がもしあなたの家族だとしたら、それは一生逃れられないのです。ストレスの元が身近であるほど、解決の仕方がわからず、自分さえ我慢して相手の言うことを聞けばいいと、あきらめているケースが多いのではないでしょうか。

フラクタル心理学は、一色真宇（本名・宮崎なぎさ）先生が２００７年に完成させたものです。かつて一色先生も、そのようなことに悩むおひとりでした。しかし、彼女はこれを運命と受け入れてあきらめることをしなかったのです。

「自分の思い通りにならない人生になってしまったとき、あきらめて暮らすことしかできないとしたら……。こんなにつらいことはない！　思い通りにならない日々を、運命だと受け入れて、死ぬまであきらめて耐えて生きるなんて、そんな仕組みはおかしい」と感じたのです。

そして、このような日常にある「どうにもならないことに我慢するしかない人生」を、何とか根本的に解決する方法はないものかと考えました。ここから、運命にさえ囚われない究極の自由を得るために、まずはその正体をつかむべく、「運命」の研究を始めました。運命に左右されることなく、自分の人生のハンドルを握り、自由自在に目的地まで運転するための壮大な探求の旅でした。

一色先生の知的探究欲は超人的とも呼べるほどで、2007年にフラクタル心理学のベースとなるTAW理論（現在はTAWフラクタル現象学）が完成するまで、寝食を削りながら、1994年から13年という月日をかけて研究を続けました。

まず、思考が現実化するということを前提として、この仕組みの解明を、歴史・宗教・哲学・量子論・相対性理論などさまざまな本を読んで、世界の構造の研究を重ねたのです。

研究を始めて3年後の1997年、歴史の研究をしているとき、中世に記された国々の国境の形と、現代の地図の別の国々の国境の形が相似形になっていることに気づきました。しかも、対応する国との歴史の流れも、相似形になっていたのです。歴史上の過去の国々の国境が、現在の別の国々の国境と相似形になっている、という不思議な現象から、そもそも私たちが見ているものは脳の錯覚によるものではないかと仮定しました。

そして、一色先生は「世界は脳の見せている錯覚」だという仮説を検証していく中で、2004年12月の二度にわたるある体験で、「私たちが存在していると信じている世界は、本当は自分の脳の中の電気信号でしかない」ということに、雷に打たれたような衝撃とともに気づいてしまったのです。

これは究極的には、外側にあると思えるものも、すべては自分の脳が解釈して存在しているということになります。この考えは一元論と呼ばれ、ギリシャ哲学やインド哲学など、古くから存在する考え方です。そして、とうとう一色先生は、次の結論にたどり着きました。

私たちは自分の脳の中の電気信号を外側に投影している
そして、それを解釈して、意味づけたものを世界だと認識している

つまり、**「外側の世界は存在しない」**のです。

一色先生が見つけたこの世界の構造は、プラトンの「国家」に登場する「洞窟の比喩」に似ています（P241参照）。

ここから、一色先生の研究は加速します。

「外側に見えるものは自分の脳の投影ということは、他人の存在も自分がつくり出していることになる。そうだとしたら、他人を変えられるのではないか？　**もし他人を変えることができたら、たしかにこの世界は自分がつくっているとわかる。**そして、外側の世界は100％例外なく、自分の思考が現実化しているとわかるはずだ」

このように仮定し、さらに研究を進めた結果、やがて一色先生はTAW理論の重要な法則、「世界は何重ものフラクタル構造で投影される」を発見しました。この理解なしには、外側の世界は自分では動かせないのです。そして、フラクタル構造という理解があれば、相手を変えられるとわかったのです。そして、次のことを確信しました。

思考が現実化する。100%例外なく!

とうとう一色先生は、思考が現実化する仕組みを、一点の曇りなく解明することに成功したのです。脳が見ている他人や環境という、存在の錯覚から抜け出し、人間関係を変えて、運命を変えることを可能にしました。

2007年、TAW理論はついに体系化され、テキストとなりました。その夏に初めての講義が行なわれ、当時、受講生として講義を受けた人たちの中から、現在活動中の優秀な講師の先生方が育っています。

もちろん、他人が自分のつくった存在であるとは、なかなか思えません。それは、自分が認識できる意識の範囲が狭いからです。もし、他人とは自分がつくり出している存在だとしたら、次のように考えられます。

私とは……自分だと思っている心の部分(表層意識=今の自分)

まわりの人は自分の深層意識の投影

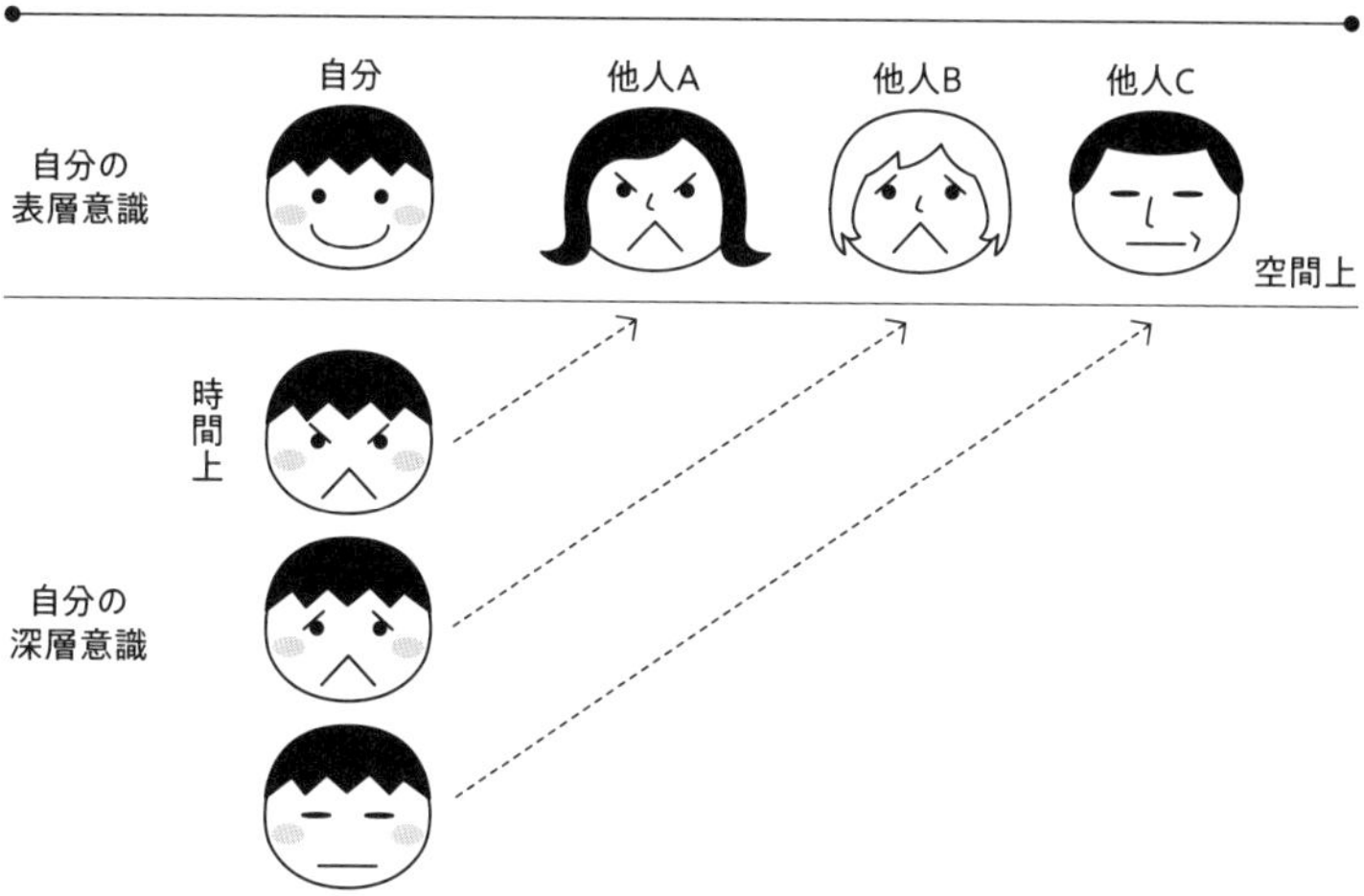

他人とは……自分だと思っていない心の部分（深層意識＝過去や未来の自分）

ということは、他人とのトラブルがあるときは、表層意識と深層意識で、価値観が違うことでケンカをしている状態なのです。身近な争いの正体とは、自分の心の中の戦いだったのです。

過去、私のまわりに現われた、あの「自分こそがルールだ」という傲慢な人たちは、私と無関係ではなく、**私の深層意識そのものだということになります。**私たちは一般的に、自分の潜在意識（深層意識）を見ることはできません。しかし、実はそれは自分のまわりの人となって、見えているのです。

360度自分（完全投影の世界=一元）

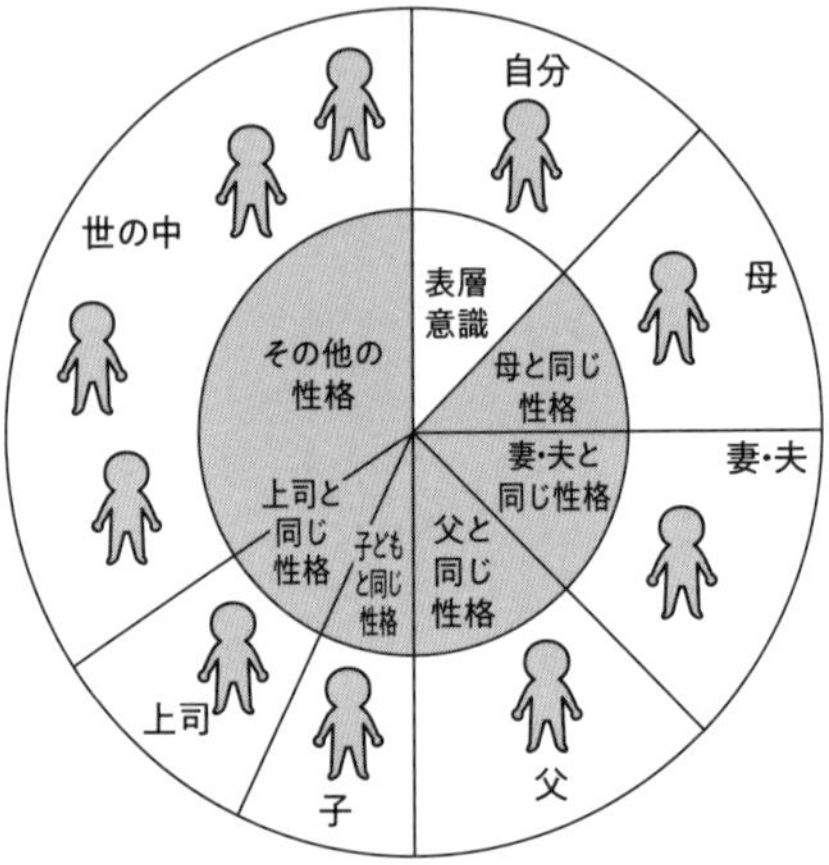

つまり、嫌な人が自分そのものであるとするならば、それは変えられるということです！

相手に直接言うのではなく、自分の深層意識に語りかけることで、相手が変わる。

これこそが、フラクタル心理学の大きな特徴なのです。

しかも、フラクタル心理学は、古い思考回路に効果的にアクセスし、特定の回路を呼び出して修正する方法を開発しました。

自分の深層意識が他人をつくり出しているとしたら、私たちの心は自分が思っているよりも大きく、自分が認識できていない部分がたくさんあるということです。ですからフラクタル心理学では、脳の錯覚から抜け出して、思考が現実化することに例外がないことを知るために、以下のことを定義しました。

・「思考が現実化する」というときの「思考」とは、自分で認識できない意識も含めた全意識のこと

・現実とは、直接五感で感じられるもの

後者は、複数あるフラクタル投影の重なりを見分けるために必要な定義です。

このことで、脳がつくり出す多くの錯覚から抜け出し、真実を見ることを可能にしたのです。フラクタル心理学の提唱する「思考が現実化する。１００％例外なく！」を受け入れるならば、あなたの人間関係のありとあらゆる問題は、確実に解決する方向へと道が開けることでしょう。

ときには、遠く離れている人間関係さえも修正できるし、まだ言葉が通じない乳幼児にも有効です。

まわりの人は自分の心の一部だということは、フラクタル心理学においてすでに10年以上も実践されて証明されている事実なのです。

2-2 乳幼児期の認識を変える

あなたは傲慢！
あなたは怠慢！
あなたは無知！

人から言われて、こんなに不快な言葉はありません。思わず、「そんなことはない！失礼な！」と反論したくなる言葉です。しかし、この受け入れがたい言葉こそが、人生に問題を起こす3大原因だとしたら、あなたはこの言葉をどう捉えますか？

ここまでで、あなたが嫌だと感じる人の存在は、自分自身の深層意識の投影だったとお伝えしてきました。深いところの忘却の彼方の意識とはいえ、いつかの自分そのものなのですから、感情が素通りできるわけがありません。どこかで過去の自分だと薄々知っているので、つい好き嫌いなどの反応をしてしまうのです。

「嫌い」にもいろいろありますが、「あいつのワガママには付き合いきれない」「どうしてやらないの！」など、何かしらの嫌悪感を抱いて、怒りの感情が湧くのであれば、それは過去の自分の投影である証です。

あなたを悩ませる人や嫌なこと、困ったことでさえも、例外なく自分の思考の現実化だとすると、その究極の原因である思考はたった3つです。

フラクタル心理学では、問題をつくる原因の思考を、

傲慢・怠慢・無知

この3点に集約しました。**この3つの思考を修正するだけで、あなたの人間関係は大きく変化します。**

過去に、傲慢で怠慢で無知な自分がいたのですが、それではだめだとわかって、その自分を消極的にやめたのです。だからこそ、まだそれと同じことをしている人を見ると、強い嫌悪感を抱いて感情が高まるのです。

つまり、嫌な人を変える解決への第一歩は、相手に投影した、この傲慢で怠慢で無知だった過去の自分の思考を特定し、修正することなのです。それは現在、自分の深層意識の中に隠れています。

ところで、あなたは最高に傲慢で怠慢で無知な生き物をごぞんじでしょうか？

それは、あの愛らしい赤ちゃんの脳の状態です。生まれたての小さくて可愛い赤ちゃんこそ、愛おしいという感情を脇に置いて見れば、何もできない、何も知らない、主張すればすべてをやってもらえるという傲慢・怠慢・無知の状態なのです。

これらを生きていく中で少なくし、向上心がある状態へ持っていくことができたら、きっと私たちは自分の人生を手中に収めることができ、幸せになれるでしょう。自分を信じる自信と自己肯定感に溢れ、人生に意欲的で活動的、知識も豊富になるでしょう。

ところが、大人になっても自分を幸せにできない人たちがいます。人に迷惑をかけ、当たり散らし、受け身で、被害者になったら文句が止められないなど、自分の選択にさえ責任を取らない困った大人たちもいます。この、自分の感情をコントロールできずに、人にぶつけることしかできない人たちは、身体は育ちましたが、心はまだまだ幼児期の延長上にあるのです。

では、どうしてこんなに差がついてしまったのでしょうか？ それは、**子どもの頃、脳内にきちんとした思考回路をつくったかどうかがポイント**なのです。

誰しも、赤ちゃんの頃は「わからない、できない」が当たり前です。だから、人を使うのも当たり前です。つまり、子どもは大人と比べると傲慢、怠慢、無知な状態です。それが少しずつわかるようになり、親や先生に言われたことを、嫌々ながら少しずつ直していき、自分でできるようになり、現在のあなたとなりました。

この過程には個人差があります。私たちは、同じ年齢だからといって、心の中まで同じ年齢とは限りません。大人っぽい人や子どもっぽい人がいるのはなぜでしょう。精神年齢という言葉があります。メンタルの成熟度を表わす言葉ですが、これは子どもの頃の親への態度と連動しています。

あなたは、子どもの頃、親に「あれしろ、これしろ」と言われたときに、素直にハイと言えましたか？「これからしようと思っていたのに！」と、心の中で文句を言ってはいませんでしたか？

視野の広い親よりも、できないことの多い、認識の狭い幼い自分の意見を尊重することを傲慢と言います。親に「ハイ」と素直に行動してきた子と、「子どもの自分が誰よりも正しい！　まわりは間違っている、どうしてわかってくれないんだ！」と思って反抗してきた子。ここには、個人差があることでしょう。これが精神年齢の差です。幼い頃、自分のほうが偉いと勘違いをして、親の言うことを聞かなかった人は、素直さより傲慢さが勝っているので、素直に「ハイ」と動けた子よりも身につけたものが少ないのです。

子どもの頃に思考回路がつくられる

私たちは、**常に過去の自分と現在の自分を比べて自己評価をしています。**十分に大人になったつもりでも、無意識レベルで、現在の自分を子どもの頃の状態と比べているだけなので、そもそもの過去が傲慢、怠慢、無知であればあるほど、大人度は怪しいものです。自分では大人になった気がしていますが、本当はまだまだ傲慢・怠慢・無知が残っているのです。

脳をパソコンにたとえると、子どもの脳はOSです。OSとは、Operating System（オペレーティング・システム）の略で、システム全体を管理し、アプリやデバイスを動作させるための基本となるソフトウェアのことです。キーボードを打ったら文字が画面に表示される、マウスやタッチパッドなどを操作するとデータが保存されるなど、パソコンの機能の根本です。パソコンにOSが入っていなければ、パソコンを動かすことはできません。

どんなに役に立つアプリやソフトをダウンロードしても、OSが機能していないと台なしです。これは、大人になってから、子どもの脳のバージョンアップがいかに必要かを物語っています。このOSが古いままの状態で使用すると、誤作動が起こります。この誤作動という、本来の機能が働かない状態を人間にたとえると、人生がうまく進まない状態です。

木が生育するのに根から幹、そこから枝葉へと栄養が運ばれるように、私たちの思考回路も、**子どもの頃の認識を通過せずに、大人としての判断はできません。**子どもの頃の脳は、あなたが人生をどのように認識するか、あなたが人生を存分に楽しめるかどうかを決める重要な要素なのです。

フラクタル心理学は、子どもの頃の脳は未発達で、傲慢・怠慢・無知であるからこそ、正しく物事を認識できていないことを知っています。その子どもの脳のときに、たくさんのネガティブな信じ込みや間違った定義がつくられました。**その上に大人の脳があるから、大人の今でも認識に間違いが多く、人間関係でトラブルを起こすのです。**この論理に基づいて、思考回路の修正を行なうことがフラクタル心理学の大きな特徴です。

誰でも一度は、子どもの頃の体験を、大人の脳で見直す必要があるでしょう。

2-3 現象はフラクタルという構造

今、あなたの身のまわりに起こっている問題と、過去の出来事、世界のニュースが無関係ではないとしたら？　このことは、多くの人にとって信じられないことでしょう。

しかし、フラクタル心理学を学んでそれを実践すると、たしかに無関係ではないということが理解できます。それどころか、世界のニュースは自分の問題と常に連動していて、これを無視して自分の問題は解決できないのです。

フラクタル心理学のフラクタル（仏：fractale、英：fractal／フランスの数学者ブノワ・マンデルブロが導入した幾何学の概念。ラテン語 fractus から。図形の部分と全体が自己相似になっているものを言う）とは、相似形という意味です。中学校の数学で、大小の三角形のそれぞれの角度が同じ場合、これとこれは相似形だと習ったことでしょう。これは、現象の構造を知るためにとても重要な要素です。フラクタル心理学が他の心理学と一線を画す特徴が、現象のフラクタル構造を発見したことです。

世界とは、自分の思考を映し出すスクリーンなのですが、この世界がスクリーンだと見抜くためには、フラクタル構造を読み取ることが必要です。この相似形が読み解けるようになると、自分で自分の問題の根本原因と解決法がするすると解けてしまいます。

フラクタルには、**「時間的フラクタル」**と**「空間的フラクタル」**があります。

時間的フラクタルは、自分の人生の中で何度か似た出来事が起きること。これは、誰しも一度は気づいたことがあるでしょう。

空間的フラクタルは、いま自分に起きていることと、別のところで他人に起きていること（国内外の出来事も含む）が似ているという現象です。これを見つけることができる人は、おそらくほとんどいないでしょう。しかし、これを見抜くことは、問題解決のために必要不可欠なことです。

フラクタル現象がなぜ起きるのかというと、それはそもそも、「思考が現実化する」という大前提があるからなのです。まず、時間的フラクタルについて説明します。

深層意識と現実の関係は、多年草のようなものです。多年草とは、植えっぱなしで毎年花が楽しめる植物のことです。花が一度消えたとしても、環境の条件が揃うと、再びまた同じ花を咲かせます。思考が現実化することも同じで、根っこがある限り、同じ現象が幾度となく生じるのです。これが、時間的フラクタル現象が生じる理由です。

空間的フラクタル現象は、映画やプロジェクターなどの投影の仕組みで説明できます。これはまさに、**思考はフィルム、現実はスクリーン**と言えるでしょう。

しかも、スクリーンはひとつではなく、複数あるのです。私たちは、複数のスクリーンに投影された映像を、いくつか重ねたものを空間上の現実と認識しているのです。どのスクリーンも、同じフィルムから投影されているので、それぞれのスクリーンの映像は、お互いに相似形となります。これが空間的フラクタルです。

つまり、身近な人間関係というスクリーンに映った世界と、ニュースや本、映画の世界という遠いスクリーンに映ったものは、あなたという観察者から見ると、相似形であるはずです。

このスクリーンの違いを、フラクタル心理学では五感で見分けます。何かを認識するときに、どんな五感を使ったかでスクリーンの位置が異なることがわかるのです。少ない量の五感を使うとき、そのスクリーンは遠いということです。**五感の量が多いとしたら、それはスクリーンが近いということです。**単純に言えば、間接的な五感を使うときスクリーンは遠く、直接的な五感を使うときスクリーンは近いということです。

空間的フラクタル

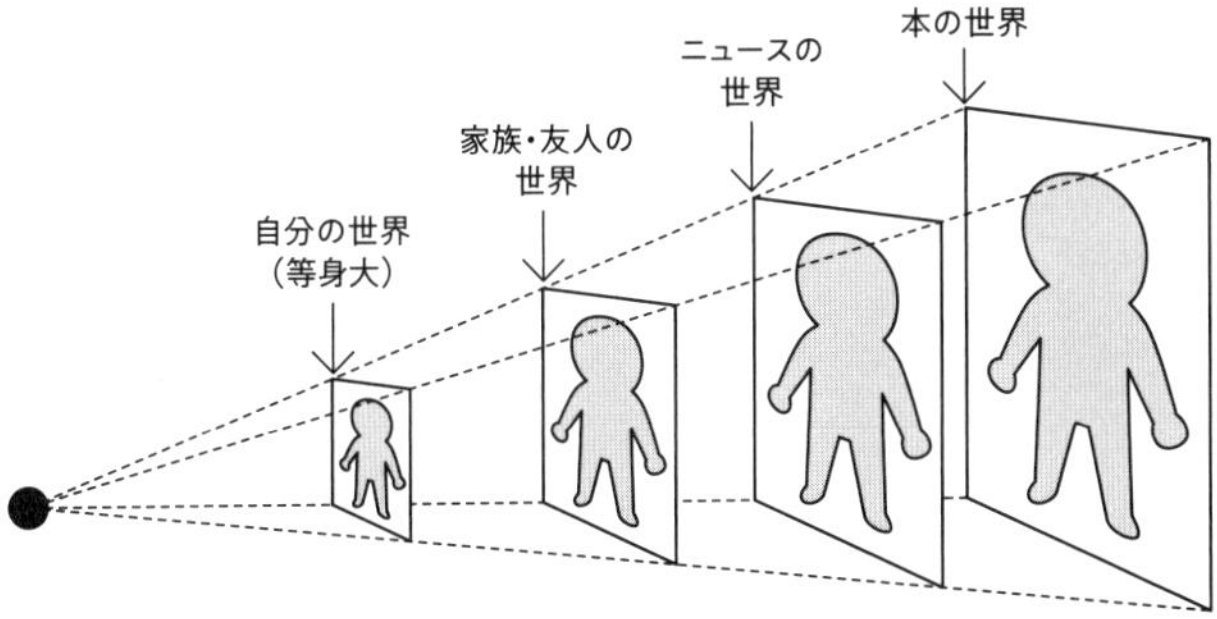

自分の中にある思考が相似形で拡大し、何重にも映し出されたものが「世界」。これをフラクタル構造と言う。

　スクリーンの映像は、どれも同じフィルムから生じており、フィルムに描かれた絵の大きさは変わりません。しかし、自分から距離が離れれば離れるほど、スクリーンの映像は拡大します。すると、それを解釈するときに、「出来事そのものが大きい」と錯覚するのです。この仕組みのために、私たちは外側の遠い世界の出来事は、自分の世界で起きていることよりも大きいと感じるのです。これは事実ではなく、錯覚なのです。

　思考の現実化をフラクタル現象で見ていくと、現実はとてもシンプルであることを教えてくれます。

　傲慢、怠慢、無知。この3つの思考が、人生に影を落とすことは前述の通りです

怠慢の空間的フラクタル投影(現実化)の例

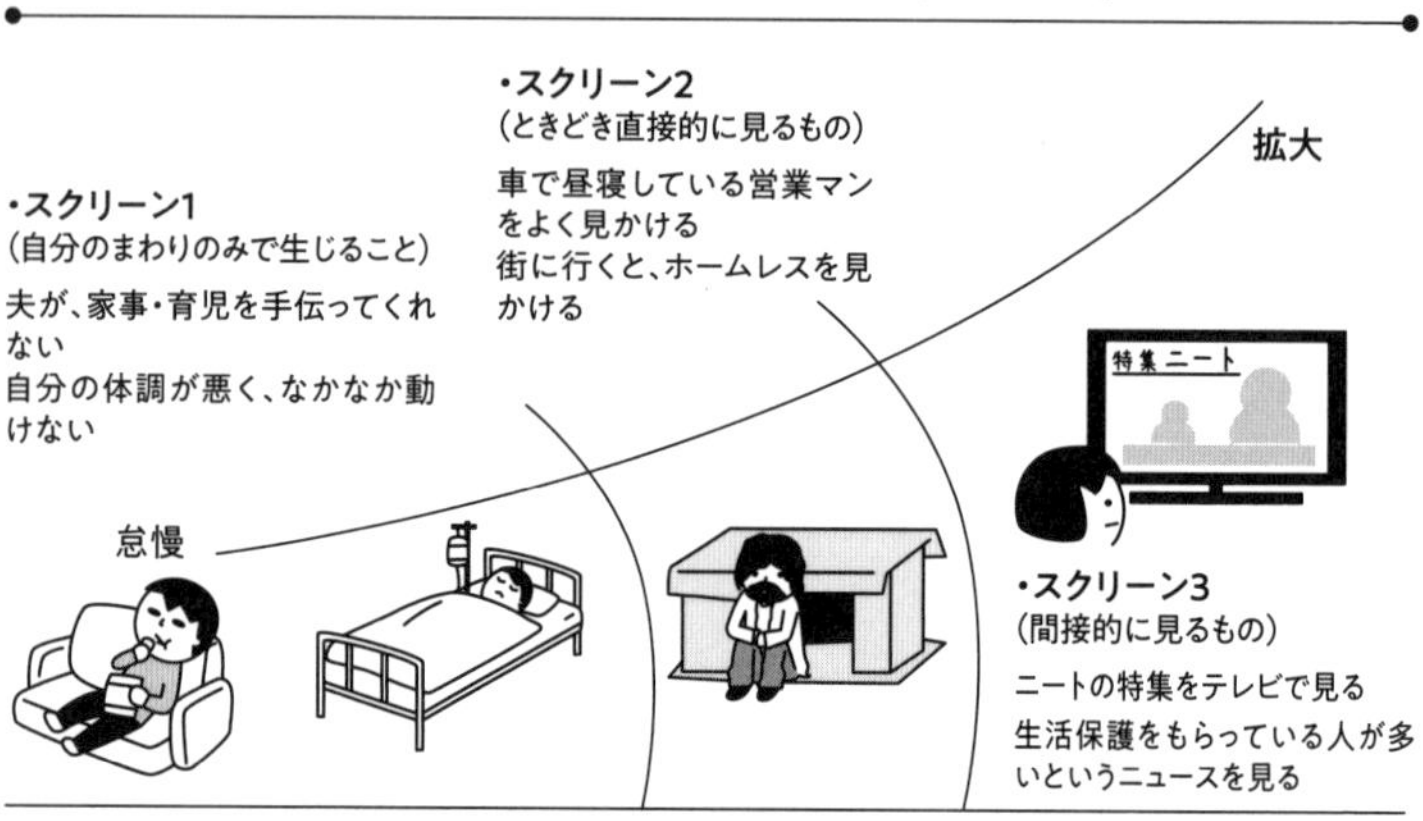
・スクリーン2
(ときどき直接的に見るもの)
車で昼寝している営業マンをよく見かける
街に行くと、ホームレスを見かける
拡大
・スクリーン1
(自分のまわりのみで生じること)
夫が、家事・育児を手伝ってくれない
自分の体調が悪く、なかなか動けない
特集 ニート
怠慢
・スクリーン3
(間接的に見るもの)
ニートの特集をテレビで見る
生活保護をもらっている人が多いというニュースを見る

が、実際に働きたくないという「怠慢」のフィルムが、スクリーンに映るときに見えてくる相似形の現象とは上図のようなものです。

　これらをぼんやりと見ているうちは、同じフィルムから派生した現象とは思えないでしょう。これらは頭の中では関連性がなく、つながらないためです。

　しかし、働きたくないという怠慢な思考のフィルムが現実化し、世界のあちらこちらのスクリーンに投影されていると考えると、相似形が見えてきます。自分の家庭にも、近所の人にも、街にもニュースにも、働きたくない人や働けないことを正当化するような出来事が映っているのです。

　この気づきは、自分はただ情報を受け取

る側だという認識から、実は自分がその情報を発信していたのだという大きな気づきへのスイッチです。そして、「あなたが世界の中心人物である世界」への入口なのです。

普段、私たちが、すごい人が遠くに存在していると信じることも、遠くの国の悲惨なニュースに胸を痛めることも、直接、五感でしっかりと実感できないのであれば、それは遠いスクリーンの拡大された映像なのです。

私たちは、距離の違うスクリーンに映し出されたものをそれぞれに意味づけし、違うものだと認識しています。でも、自分の中の小さな思いが世界に投影されると、大きな出来事に映って見えているだけなのです。外側に事実はなく、あるのは心の中のものが投影された世界です。

このことは、日々ニュース番組を見ては、不安や心配を膨らませている人にとって、夢から覚める薬となることでしょう。

2-4 意識の二層構造

ここまでで、人間関係もテレビのニュースでさえも自分の思考の現実化であり、悩みやさまざまな問題は、どうやら自分の深い意識と関係がありそうだ、という視点を持っていただけたのではないでしょうか。

「思考が現実化する。１００％例外なく！」ということを、身のまわりのすべての出来事にあてはめると、怒り出したり、まれに苦しくなる人がいます。「自分を困らせている人も出来事も、すべて私の思考のせいなのか」と、解決の方向に向かうのではなく、苦しくなるとしたら、それは「責任を取りたくない」という感情が反応しているからです。

しかし、ここまででお話ししたように、そもそも「現実」というものは、あなたが思っているほどたしかなものではないのです。

多くの人は、現象の構造がわかっていない上に、自分の思考の構造もわかっていません。現象の構造については、先ほどフラクタル構造のことを少しご説明しましたが、「現実」というものも、以前からあなたが思っていたものとは少し違っていることがおわかりになったのではないでしょうか。感情は真実を見る目を閉ざしますから、それはわきに置いて、次に「思考の構造」というものは、どういうものなのかを学んでみましょう。

私たちが思考と捉えている部分は、全体に比べてわずかであるということは、さまざまな本でも言われていることです。思考には、意識できる部分と、無意識で働いている部分があります。思考とは、意識・無意識の二層構造なのです。

フラクタル心理学では、思考を認識できる部分を表層意識、無意識で活動している部分を深層意識と表わします。

自分の中に認識できない部分があるなんてと、にわかには信じがたい話ですが、身体も同じです。呼吸や体表の感覚など自覚できるエリアと、内臓のように無意識でも自動的に働くエリアがあって生命を維持しています。思考も同じことが言えます。未確認で、認識できないことのほうが大量なのです。

この大量の深層意識の上に、言語やイメージを認識するレベルの、いわゆる「私」という表層意識が乗っています。この表層意識と深層意識の割合を、氷山にたとえて表現すると、次ページのような図になります。

深層意識と比べると、大変量が少ないのが表層意識ですが、フラクタル心理学では、こ

「全意識」という氷山の図

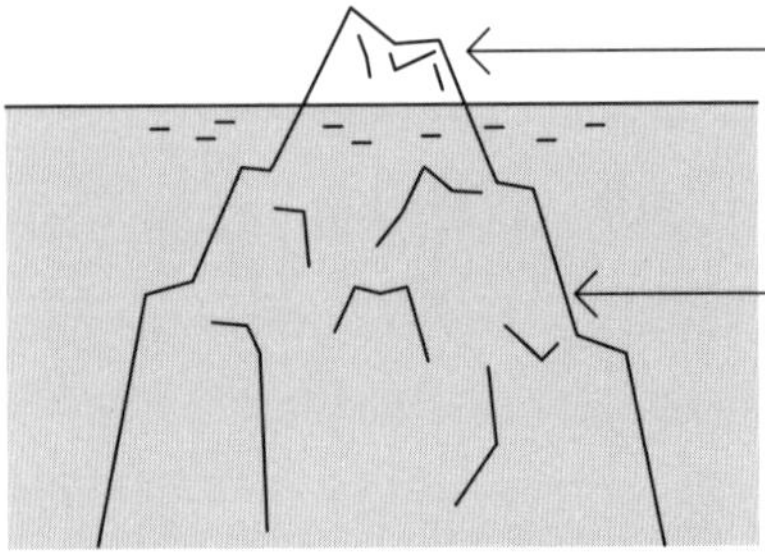

自分が意識できるのは全体の5%の部分、
残りの95%は忘却の彼方。
私たちは5%の部分しか認識できない。そして、
95%はまわりに投影されているものを見ている(現実化)。

の表層意識の量を5%と考えることをお勧めしています。5%と考えることで、理解しやすくなるからです。この5%の表層意識と95%の深層意識を合わせたものが、「思考が現実化する。100%例外なく!」の「思考」です。フラクタル心理学では、これを**「全意識」**と呼んでいます。

あなたが何かを変えようと思ったとき、そう感じたのは表層意識ですから、全体のたった5%なのです。たった5人で95人を動かそうとしているのですから、5人が不可能だと感じるのは当然のことでしょう。

もし、95人の幼稚園児を、5人の先生で遠足に導かなければならないとしたら?95人がよそ見をせず、素直に言うことを聞いてくれたら、スムーズに目的地に着けるでしょう。ところが、相手は子どもですから、こちらの意図は通じません。

あと10分歩いてくれたら目的地に着くというのに、草花で遊び始めるし、虫を見ては騒ぐ。「トイレ」と言い出す子がいるかと思えば、「まだぁ?」と何度も聞いてくる子もいる。ケンカをする子、泣き出す子、お腹が空いたと歩くペースの遅くなる子……。このような状態をたった5人の大人で見ることは大変だと想像がつくでしょう。遠足で目的地に時間通りに着くことはおろか、日常でも管理のむずかしい無法地帯となってしまいます。

これは、現実をコントロールできない人の深層意識で起こっていることと同じです。このような状態の人の世界では、まわりはワガママで自分勝手で、自分は振りまわされてばかりいるということが現実化していたり、もしくは、職場でまわりは無能で、自分ばかりが働かされているという現実をつくっているかもしれません。

一方、たとえば95人の警察官と、5人の警察幹部の団体行動のようなケースはどうでしょう。

意識が揃っているときには、たったひとりの号令でも全員が言う通りに動きます。これが、私たちの思考に必要な要素です。

心の奥が幼稚園児か警察官か。これは、その人の精神年齢などと言い表わしますが、要は人間関係が円満で、現実をコントロールできている人というのは、表層意識が正しい命令を出し、その命令を深層意識が素直に聞くことができている状態なのです。

これを、脳の命令系統と表現するのですが、この命令系統が整っていれば、現実をつくり出す深層意識はその通りに動き、あなたの願いはスイスイ叶うのです。


ところが、深層意識が幼稚園児レベルでないにしても、表層意識と深層意識の考えがバラバラだった場合、5人対95人の綱引きとなってしまいます。表層チームがいくら頑張ってよい方向に進みたいと思っても、深層軍団があちこちに引っ張るのですから、なかなか思った通りには進めません。これも、現実が思い通りにならない原因です。

悩みとは、表層意識が、深層意識の見せた世界に不満がある状態です。

今、あなたが見ている世界に不具合を感じるならば、深層意識を私（表層意識）の意図通りのものに変える必要があるということです。この**深層意識を自分の意図通りに変える方法を、フラクタル心理学では、「修正法」と言います。**

2-5 言葉の定義が現実をつくる

あなたが深く信じ込んでいることは、現実に投影されます。フラクタル心理学には、人生が思い通りにならないときに、原因をチェックするいくつかの方法があります。そのひとつが言葉の定義です。言葉には、込められた意味があります。同じ言葉でも受け取り方は同じではないのです。

同じことを教わって育ったのに、性格が真逆の兄弟がいました。父親は兄弟にひとつの言いつけを与えました。兄は父親の言いつけを守り、掃除係や委員など、みんながやりたがらないものを率先してやりました。その結果、人望も厚く、現在は経営者として大成しています。また、弟も父親の言いつけを守りましたが、受け取り方が違いました。マンションの駐輪場から、人の自転車を勝手に持ち出しては乗り回していました。それを発見した同級生の持ち主が、ベランダから「やめて」と叫んでも、平気で乗り続けました。その他、人から嫌われるようなことをどんどんやりました。その後の姿はご想像にお任せします。

さて、この兄弟は父親からいったい何と言いつけられたのでしょうか。父の言葉はシンプルでした。「人の嫌がることをやりなさい」。このたったひと言の受け取り方の違いが、兄弟の行動とその結果に差を生み、その後の世界観をつくったのでした。

このような言葉の受け取り方の違いは、私たちの思考回路の中でも起こっています。表層意識と深層意識の間で言葉の認識が違うことがあるのです。この認識の違いを体験するとき、私たちは「こんなはずじゃなかった」と口にします。深層意識が現実化しますから、それは表層意識が望んでいないと感じる現実となって目の前に居座っていることでしょう。

フラクタル心理学では、心の成熟度や人生のステージアップに合わせて、言葉の定義を見直すことを推奨しています。言葉の定義とは、その言葉の意味を限定することです。簡単に言うと、「愛とは〜だ」「人生とは〜だ」などという言葉に対する信じ込みのことです。「この言葉の意味はこういうことだ」と定義する中に、あなたの深い信じ込みが隠れています。

言葉の定義には、歴史があります。それは、あなたの信じ込みの歴史です。ここには永遠の正解はなく、成長に合わせて最適化していかなければなりません。

では、愛という言葉を例に挙げて、言葉の定義が精神の成長によってどのように異なっていくかを見ていきましょう。世の中には愛のある人が少ないと思っている人は、以下を読んで、愛の定義を見直してみる必要があるでしょう。

「愛」というものの定義は、万国共通に思えるかもしれません。しかし、実は愛の定義は人によって違うのです。あなたが普段、自分の家族には愛がないと感じているならば、それは家族のあなたに対する態度の問題ではなく、あなたの中の愛の定義の問題かもしれません。

愛の定義①　「愛とは、いつもそばにいてくれること」

あなたが、愛らしい6歳だった頃の愛の定義は、「愛とは、いつもそばにいること」だったことでしょう。ぬくもりを感じる距離で、いつもそばにいて見守ってもらい、病気のときには寝室で食事を口に運んでもらい、着替えさせてもらえる。幼い頃は、このような状態を愛されていると感じましたが、大きくなると、この愛は必要なくなります。

この幼い愛の定義をそのままにしておくと、あなたが人生の最後に体験することになる姿は、介護するか、される状況にあるかもしれません。誰かが片時も離れずそばにいることを望むと、ひとりで生きていけない人生になります。言葉の定義とは、いつか自分が体験することになる信じ込みなのです。ですから、この定義は早く卒業しましょう。

愛の定義②

「愛とは、困っている人に手を差し伸べること」

あなたが愛の定義①を卒業して、次に「愛とは、困っている人に手を差し伸べること」と考えたとしましょう。最初はとてもよい定義となります。いつも自分のそばにいてくれる誰かを待っているという受け身から、自分が誰かの助けになろうとしているからです。この定義は、あなたを積極的にし、よく奉仕する人にしてくれます。

しかし、これもまたいつかは問題が生じます。

人を助けようとするあまり、依存的な人がまわりに増えてきます。助けても助けてもまわりは自立しようとせず、あなたは疲れてきます。このタイプはビジネスが苦手で、稼ぐ力が足りません。この状態で人を助けようとし続けると、無理が生じます。この無理が何かを引き起こす前にこの定義を卒業しましょう。

愛の定義③

「愛とは、人の成長を促すこと」

「愛とは、困っている人に手を差し伸べること」という定義を卒業したら、次はこの定義に移るでしょう。

①②③のそれぞれの愛のイメージ

愛の定義①　愛とは、いつもそばにいてくれること

愛の定義②　愛とは、困っている人に手を差し伸べること

愛の定義③　愛とは、人の成長を促すこと

人の厳しい言葉や叱責は、子どもの頃はなかなか受け入れられません。しかし、しだいに、誰かに厳しく指導されて、勉強やスポーツなどで結果を出したときの誇らしい気持ちなどを体験します。その最初の体験は学校かもしれないし、人によっては職場かもしれません。そのとき、誰かが自分を叱ってくれることは、実は自分がこの誇らしい気持ちを得るために必要な指導だったのだと知ります。突き放したり、何かを強要するような態度も、自分の成長のためだったのです。すると、やさしく助けてくれる人間よりも、嫌われることを恐れず、厳しく叱ってくれる人間のほうが、本当の愛があるのだと理解します。そのときにやっと、「愛とは、人の成長を促すこと」と定義を変えるのです。

フラクタル心理学で行なわれるセラピーでは、問題を持つ人たちの愛の定義に着目し、最終的にはこの3つ目の愛の定義に導きます。

私たちは、自分の中に定義がないものは認識できません。認識できないものは、存在しないのと同じです。定義をこのように変えることで、今まで嫌な人だと思っていた人の中にも愛を見出せるようになります。すると、世の中は愛のある人がいっぱいだということが見えてきます。本当はまわり中に愛があったのに、今までは見えていなかったのです。これは、過去の中にも見出せます。

このように、定義は自分の人生をつくり出す重要な鍵なのです。

2-6 心の中にある法

あなたが不運に見舞われたとき、「どうして、こんなことが起きたんだろう」と思うことはありませんか？　また、お金を失った、事故でケガをした、人に裏切られたなどの予想外の出来事に巻き込まれたとき、相手や状況が原因だと考えてしまいます。「偶然であって、私のせいではない！」「あの人は最初から怪しかった」と思いながら、悶々と不運を飲み込むことでしょう。

そんなとき、人は、なぜこのようなことが起こったのかを知りたがります。偶然の不運と片付けながら、どこかで明確な理由を求めているのです。それは、心の別の部分が、何か理由があると知っているからなのです。それなのに、なぜ人はその理由にたどり着けないのでしょうか。それは、本当の理由は、ずっと過去にしていたか、現在していることが悪いことだと気づかず続けているという無知が原因なのです。

あなたがこれからの人生で、偶然の不運を現実化しないために考えなければいけないのが、あなたの心の中の「法」です。では、この「法」とは何でしょうか。

世の中にある法律というものは、人々が安全に平穏に暮らすために必要不可欠なものです。道路交通法ひとつとっても、たった一台の車がルールを破り逆走したならば、多大な被害につながりかねません。

法律とは、サッカーのルールのように、この線を出たらアウトという一定のラインのようなものです。それを守っていれば安全であり、破ると危険というわかりやすい線引きの役割を持っています。

あなたの心の中にも、これに似た「法」があります。この法は、感情や意思とは別に自動的に働きます。自分の行動がその法を破ったとき、あなたは自動的に法の裁きに遭うのです。その裁きとは、突然降りかかってきた不運な出来事のように感じられます。

少し不可解な話ですが、人は、自分がしていることが悪いことだとわからない、ということがあります。大人ならば誰しも、何が悪くて何がよいかはわかるはずだと思うのですが、まったくわからずにやってしまうことがあるのです。

そのようなことがなぜ起きるのかと言うと、それは、深層意識が幼稚園児だからなのです。思考回路が古いままなので、幼児のようにやりたいようにやります。親や先生から見て悪いことならば、怒られることで、幼稚園児はやっとこれはダメなのだと判断できるようになります。私たちは最初、経験したことのない立場の人の判断を理解できません。それは、全体がわからないために起こります。人は自分が体験していないことは、善悪の判断がつかないのです。

ひとつの例を見てみましょう。

Yさんは若い頃、音楽を大音量で聴いていました。昼だろうと夜だろうと、近所がうるさいと思うことがわかっていても、わざと大きな音を立てて近所を騒がせるのが快感だったのです。

さて、何年か経って、Yさんも少し大人になり、自分が大音量で音楽を聴くことは少なくなりました。そんなあるとき、大音量で音楽を聴く人が階下に現われました。テレビの音がかき消されて大変な迷惑です。そのたびに、「うるさい‼　いい加減にしろ！」と思い、ときには窓を開けて怒鳴りました。しかし、相手は一向に反省する様子もなく、うるさい音をたて続けています。

これは、自分が過去にした行為がまわりの人の行為として現われた出来事なのです。この投影のシステムそのものは、法とは関係がありません。しかし、Yさんの心の中には、若い頃につくった「大音量で音楽を聴くのは悪くない」という法があるので、相手はその法に守られて、平気で大きな音を出すのです。

こんなとき、Yさんはどんな気持ちがするでしょうか。言葉にはしないでしょうが、心の中では、「あんな奴、消えてしまえ」と思うでしょう。実は、これは「大音量を出してまわりに迷惑をかける奴は罰せられるべき」という心の法を、今つくったということなのです。すると、どうなるでしょうか。

かつて、Yさん自身も同じように大音量でまわりの人を困らせていたので、**この新しい法によって、過去の自分は有罪となります**。すると、現在の自分がその罰を受けるのです。**つまり、何かの拍子に怪我をしたり、誰かから不当な暴力を受けたりすることでしょう。**

しかし、Yさんには、なぜ自分がよく怪我をするのかわかりません。

こう考えると、法は怖いものと感じられるかもしれません。しかし、そうではありません。一般的な人は、もともと「大きな音を立ててまわりに迷惑をかける奴は罰せられるべき」という心の法を持っています。子どもの頃に親に怒られて、それを守ることを覚えたので、この法に自分が罰せられる（怪我をする）ことがないのです。自分自身が、昔からこの法を守ってきたからこそ、いま大きな音で他人に、そして自分に迷惑をかける人もいません。

ですから、適切な法をつくり、それを守るということは、迷惑な人を避けたり、自分の不運を避けるために大切なことなのです。

この例は、体に現われるトラブルの原因のひとつです。次は、お金のトラブルの例を見てみましょう。

Mさんは子どもの頃、親に対して、「自分は何も買ってもらえない」と感じていました。そして、いつも貧乏な人たちに目が行き、「あの人たちはお金に困っている」と感じていました。自分の「買ってもらえない気持ち」を、他者に投影していたのです。そして、お金を持っているのに、自分のために使ってくれない親のことを、「ケチな人たち」と思い込み、「お金を持っている人は、貧乏な人にもっとお金を与えるべきだ」と思っていました。これは法となります。

同時に、「貧乏な人にお金を与えないお金持ちは罰せられるべき」という法も、Mさんに生まれたことになります。

大人になって、Mさんは仕事である程度成功し、お金が入ってくるようになりました。しかし、なぜかある程度まで貯まると、大きく出ていく出来事が生じるのです。貸したお金が戻ってこなかったり、相手の倒産で損金が生じたりします。相手の理由は、いつも「お金がないから返したくても返せない」なのです。

Mさんの心の中には「お金持ちは貧乏な人にお金を与えるべき」という法があるので、お金を借りた人はその法に守られて、お金を返そうとしないのです。また、自分がお金持

過去の自分の法が現在の自分を制限する

過去

法「お金持ちは、貧乏な人にお金を与えるべき」

現在

ちになると、お金を貧乏な人に与えなければ「罰せられる」ことになってしまうので、自分がお金持ちにならないよう、お金を失うことが生じているのです。

法はなくてはならないものですが、子どもの頃につくった間違った法をいつまでも持っていると、大人になってから必要な法と相克を起こしてしまうため、このようなトラブルが生じるのです。**ですから、子どもの頃の法を見つけて、それを解除することが必要なのです。**

また法は、フラクタル構造が理解できていないと、完全に守ることは不可能です。相似形で現われている現象に対して、同じ法を適用しなければ、法は守られないからです。そのため、私たちは予期せぬトラブルに見舞われます。ですから、フラクタル構造の理解と法の理解が、私たちをトラブルから守るのです。

2-7 インナーチャイルド修正法とは

ここまで、たびたび**「幼稚園児」**というキーワードがありました。これは、**現在の自分を悩ませる現実をつくっている古い思考回路**のことでした。この古い思考回路は、ネガティブやポジティブという分類ではなく、今の自分に適していないものであるから、人間関係のトラブルを引き起こしているのです。

現在起こっている問題は、深層意識の中でまだ生きている幼児期の思考回路がつくっています。その回路のことを、〝インナーチャイルド〟（子ども心）と言います。その古い思考回路には、言葉の定義という深い信じ込みや法が存在しています。これらが現実化し、体験するときに、大人の自分の定義や法に合わない場合、問題だと感じるのです。ということは、幼児期の思考回路を特定し、変えていけばよいということになります。

現在を変えると未来が変わるように、今を変えるのなら、過去を変えるべきです。過去と他人は変えられないという概念は今、捨てましょう。過去は今ここにはないし、そもそも記憶というものは主観であり、自分が取捨選択している曖昧なものです。

五感で体験できない過去や未来は、イメージです。それらは、すべてあなたの脳内にあります。**自分自身で過去の古い思考回路を変えて、現在の状況を望ましいものに変化させる方法が、フラクタル心理学におけるインナーチャイルド修正法です。**

インナーチャイルド修正法とは、ひと言でいうと、心の中にある考え方の癖を、**6歳以下の自分をイメージして、言葉を使って直すことです。**

このインナーチャイルドは、心身に大きな影響を与えています。

たとえば、同じ場所で景色も変わらないところで3時間立ち続けていたとしたら。あなたの身体は疲れたと感じることでしょう。ところが、この場所がディズニーランドだったとしたら、あなたの子ども心はウキウキと弾み、3時間並び続けたことをものともせず、今日は楽しかった！　と笑うことでしょう。

3時間立ち続けたという出来事の身体に対する影響は同じはずなのに、疲れ方が違うのはインナーチャイルドの影響なのです。このように、子ども心というものは、私たちの日常に大きな影響を及ぼしています。

このインナーチャイルドという、6歳以下の幼児期の思考回路がネガティブだと、現在の自分がネガティブなのは仕方がないと感じることでしょう。実は、あなたが何かの出来事で傷ついたと感じたものは、出来事は終わっていても、それがまだ続いているように感じています。それは、その回路がまだ存在しているからです。これをトラウマ（心の傷）と言います。傷ついたインナーチャイルドとは、「そのままそこで成長が止まった心」とも言えます。

一般的には、親から否定されたことや兄弟で差をつけられたこと、認めてもらえなかったこと、無視されたこと、不当に怒られたことなどのトラウマは、傷ついたその頃の自分をイメージして癒します。「わかってほしかったよね、平等に愛してほしかったね、いきなり怒られてショックだったね」と、インナーチャイルドの感情に寄り添い、傷を癒すというものです。これが、フラクタル心理学以前の、従来の心理療法で行なわれるインナーチャイルド療法です。これは、大きな癒し効果があるのですが、現実を変える力はありません。

傷ついたインナーチャイルドが信じている世界は、加害者と被害者が存在する世界です。たとえ、そのトラウマが十分癒され、親を許せたとしても、親という加害者が記憶に存在したままでは、うまく生きることができません。

親が加害者であるという捉え方は、相似形で投影されていき、担任、上司、社長、政治家、社会などから攻撃される世界をつくり出し、嫌い、つらい、合わない、不当だなどという感情を繰り返し生じます。その結果、自分より大きな存在はいつも悪だと認識するよ

大人の私が6歳の私と対話する

1、自分で癒す

2、外側に加害者は必要ない

3、自己完結する
（人の承認も助けも必要とせず、
自分の需要は自分で満たすこと）

うになります。トラウマがつくる世界には勘違いがたくさんあるのです。

　フラクタル心理学では、ここで大きく舵を切ります。フラクタル心理学のインナーチャイルド修正理論の大前提は、**自分の内面を大人と子どもに分けて、（他の誰かが癒すのではなく）大人の自分が子どもの自分を癒すこと、（誰かが悪いのではなく）外側に悪者は必要ないこと、（誰かに助けを求めるのではなく）必ず自己完結することです。**これは、一般の心理学の考え方とはまったく異なります。

　外側に悪者がいないということは、自分のこれからの人生で、敵や加害者を存在させないようコントロールできるということです。ですから、「父は感情的な人だったが、もう許そう。自分はそうはならないようにしよう」などという悪者を存在させる方向で自分を慰めては、トラウマの根本は解消できないうえ、通常、人は親を選べないと思っているので自分に生じる現象をコントロールできないのです。

幼少期、父親に殴られたことがある人は、なかなか被害者の立場から抜け出しにくいのですが、ひとつの突破口として、カウンセラーが次のように聞くことがあります。

「あなたが親なら、何もしていない子を殴りますか?」

もし、その人が「いいえ。絶対に殴りません」と言うならば、その人の父親も必ずそうなのです（**これが、フラクタル投影という仕組み**）。ですから、そこには父親が殴った正当な理由があるはずなのです。そこで、その頃の自分の行ないを省みる必要があります。**それは、フラクタル心理カウンセラーが行なう誘導瞑想で見ることができます。**

私たちの記憶は、印象的な出来事からスタートしますが、その出来事が起こった理由は必ずそのシーンの前にあるはずです。つまり、記憶している前にあるのです。それが、子どもの自分にはわからないことだったので、トラウマとなりました。

トラウマの度合いを問題視する人もいますが、それはすでに過去なので、どんなに検証してもその度合いはわかりません。それよりも、それを心の中でどう受け取っているかということが問題となるので、そこを変えることが重要なのです。

3章

人生を
大きく変えた人々

3-1 波乱万丈な人生の原因とは

2章までで、フラクタル心理学とは何かをご紹介してきました。フラクタル心理学の修正法を実践された方々は、自分の思考の修正で、本当に人が変わるということを実感しています。一度それを実感すると、おもしろくなって、修正そのものが楽しくなります。人が変わるほどしっかりと修正をすれば、自分の人生もまったく変わってしまうのです。

3章では、実際に活用している方の事例をご紹介しましょう。

まずは、私が最初にカウンセリングを受けたフラクタル心理カウンセラーである牧野内直美先生の事例をご紹介し、それからさまざまな方の事例をご紹介していきます。

そもそも私がフラクタル心理学に興味を持ったのは、牧野内先生のメルマガを読んだからです。牧野内先生自身がフラクタル心理学で大きく人生を変えられました。最初に、その感動を皆さまと共有しながら、次々と事例をお読みいただければと思います。

事例

牧野内直美様（70歳）

東京都　教室経営

私は現在、東京の品川区で、フラクタル心理学を教える教室を経営しております。フラクタル心理学を知る前は、会計事務所に勤務しておりました。

若い頃から、私のまわりには突然、大きな出来事がふりかかることが常でした。大学を卒業して、父が経営する会計事務所に総務として入所しましたが、なぜだかすぐに、5人の職員のうち4人が突然、辞表を揃えて去って行き、実務経験なしですべてを引き継ぐという無謀なスタイルで仕事を始めることになったのです。

それから数年後、わけあって私はシングルマザーとなりました。それも、決して周囲に悟られずに出産するという離れ業をやってのけました。

そうして得たひとり息子が、ダウン症であると告げられて大きなショックを受けました。私はシングルマザーの上、ダウン症の子を持ってしまったのです。こんなふうに、私の人生には大きな事件が次から次へとやってくるのでした。

生活が順調になっても、子どものことを考えると憂鬱です。ひとり親でしたから、仕事優先の毎日でした。常に、子どもを学校から施設へと、時間に応じて預け先に届けてまわり、生活のために必死で働きました。日々が目まぐるしく、ただ過ぎていくだけでしたが、それらは私を強く、たくましくしてくれました。

このような、数々の逆境を乗り越えた私にも、解けない難問がありました。それは、どうしてダウン症の子どもが生まれたのかということです。その頃、すがるように習った仏教では、前世と先祖の交差点に自分がいると教わりました。息子と私の縁は今世ではなく、ずっと前から決まっていたとしたら？　その関係を知りたいと強く思いました。今は、自分が息子の世話をしているけれど、前世では逆だったのかも？　などと考えました。こうして私は、長い間「前世の因縁でこんな人生になってしまった」と信じていたのです。

２００６年の６月、いつも届くメールマガジンの中のひとつに惹きつけられました。「あなたの前世がわかります」と書いてあり、私が探していたものはこれだ、とばかりに、すぐにメールで講座の申し込みをしました。そして、フラクタル心理学の開発者である一色真宇先生と出会ったのです。

しかし、一色先生に最初に言われた言葉は衝撃的なものでした。それは、「前世は関係ないです。あなたの現在の思考が息子さんをつくりました」という言葉が飛び出てきたのです。大ショックでした。フラクタル心理学では前世空想をしますが、それは心理分析のためにするのであって、前世があるから今があるとは考えないのです。

「前世の因縁によって、自分がこのような逆境に生き、ダウン症の息子の世話をしている」と長い間信じていた私は、「今までの57年間の人生が台なし！　否定された！」と感じました。しかし話を聞けば、たしかにそうだと思える自分もいるのです。

一色先生は、「初級でインナーチャイルドのことを学ぶと、ダウン症の子を産んだ理由がわかる」と説明されました。当時の私は憤慨して、「私にインナーチャイルドなんていない」と思っていましたが、ここには何かがあると感じたので、とりあえず受講することにしました。

ところが、インナーチャイルドを感じる誘導瞑想を体験したとき、しゃがんでいる小さな小さな私が感じられたのです。そこは深く暗い穴の中のようでした。その後のことはよく覚えていませんが、何だかやっと、自分に光が射し込んだように感じ、やっと見つけてもらえた気がしたのです。

その晩、パソコンのキーボードに「直美」と入力しました。それを繰り返し、画面いっぱいに直美の文字を入力しました。今まで無視されていた存在が、初めて名前を呼ばれた喜び。初めて認識されたような込み上げる幸せで胸が満ちてくるのです。それを噛みしめるかのように、ただただ画面を見つめていました。

あの夜の、救われたような幸福感は今でも思い出します。一色先生は、私のことを一番よく知っている人に見えました。それからまじめに、私は講座の中でインナーチャイルドと対峙したのです。

幼少期の私は、大人びた子どもでした。父の職場のお兄さんに、抱っこされて飛行機だぞと言いながら振りまわされることが大嫌いでした。脇を持ち上げられるのが痛くて、イヤでたまりませんでした。しかしこのとき、心とは裏腹に、私はいつも喜んでいるフリをしました。「このお兄さんは、私を喜ばせてくれてるから、笑わなきゃ」と思ったからです。

しかし、同時に「子どもがいつも大人のすることを喜ぶと思ったら大間違いよ」と、ずいぶん上から目線で物事を見ていました。

その頃好きだった絵本は、主人公が、親がいないか病気で、孤独や不幸から最後はハッピーエンドになるというものばかりでした。貧しいけれどもひたむきな、悲劇のヒロインに憧れていたのです。

それから、悲劇のヒロインが大好きな女の子は、逆境大好き娘になりました。突然何か、自分にとって不利なこと、不幸が起こるとなぜか燃えるのです。逆境に立ち向かう自分はカッコイイし、それに立ち向かうと成長できると信じていたからです。「生と死の間でどれだけ成長したかは、逆境の数よ！　逆境よ、来い！」と、心の中で叫んでいるような人間でした。

　フラクタル心理学の初級講座で、「思考が現実化する」と学んだときは、ゾッとしました。その言葉は聞いたことがあったし、そんな気がしていましたが、まさかこんなことも現実化するとは思わなかったからです。しかし、子ども時代から考えていたことをたどってみると、逆境をつくり出す思考の連続でした。

　3歳の頃、1歳の弟が夕方になると泣くので、あやしながら抱っこをしていました。母は近所に買い物へ行き、ふたりで留守番をしていました。そのとき、私はうっとりと夢見るようにこう思いました。「お母さんはもう帰ってこないのかも。私はこれから一生あなたとふたりで暮らさないといけないの」。そして、窓の外の世界を眺めていたことを、今でも覚えています。

　これはまさに、現在の状況とそっくりでした！　このときの何もできない弟と私だけの世界は、私とダウン症の息子とのふたりだけの世界となって現われたのです。まさか、3歳の幼い頃の思考が現実化するなんて、思いもよらないことでした。

　しかし、それが現実化したとしても、一緒にいるのがただの「自分より弱い子」ではなく、なぜ「ダウン症の子」なのでしょうか？

　ここも、私の中に理由がありました。母は、昔からすごく世間体を気にする人で、

時間的フラクタル

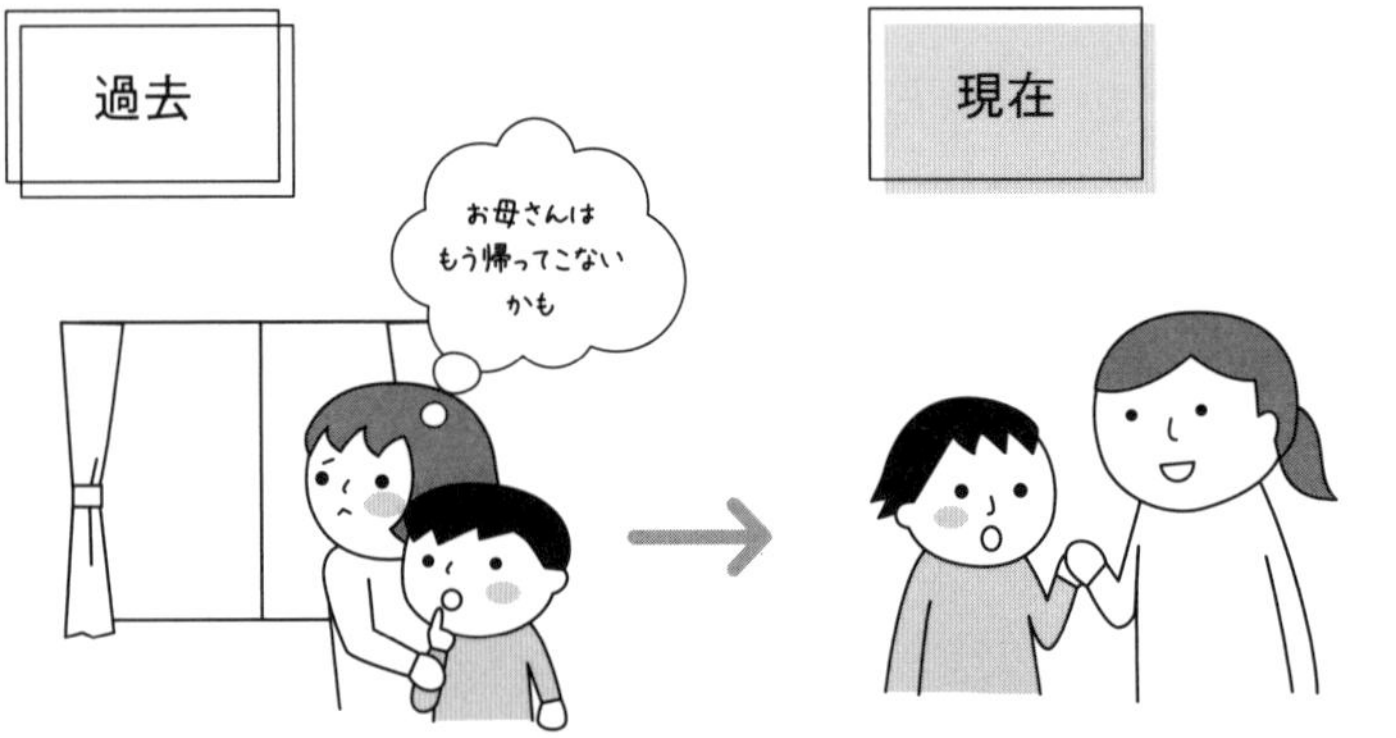

何もできない弟との
ふたりの世界を夢見る

何もできない息子との
ふたりの世界が現実化

人の家柄や肩書き、出身を気にしていました。私はそんな母に反発して、「何でその人を見ないで、外側で判断するの。人は中身よ！」と、いつも思っていました。この思考も、「ダウン症の子は心がきれい」とよく言われる息子の姿と重なりました。外見で判断する人たちを見返したかったのです。

これらは一例ですが、このようにひとつひとつ自分の思考を確認していくと、だんだんと自分がダウン症の子を産んだことが必然であったとわかってきたのです。全部、自分が起こしていたとわかったときには呆れました。

前世や先祖という遠い、どうしようもできないところに原因を追いやりたかったのは、自分がまだ悲劇のヒロイン思考や、逆境を望む思考があったからだとわかりました。そうすれば、悪いのは前世の自分であって、現在の自分は心が清らかだと言えるからです。

さらに、誰にも言わずに子どもを産んだ、似たような生き方の女流作家に憧れていたことも思い出しました。私にとって、ネガティブな状況が現実化したのではなく、憧れが現実化していたのです。

絵本の悲劇に憧れ、自分には何もそのようなことがないことを残念に思い、悲劇をつくる。何とバカバカしいことでしょう。私はこの日、もう悲劇も逆境もいらないと決意しました。そして、フラクタル心理学で学んだ修正法を続けたのです。

現在は、親子それぞれ別々に暮らしています。3歳の私がつくった、自分より未熟な人と一生ふたりで暮らすという呪縛のような思考を修正することができたからです。あれから、逆境も起こらなくなりました。

それ以降、私は今までの仕事を辞め、教室を持ってフラクタル心理学が説く、思考が現実化する法則を伝える側となりました。私と同様に、不幸をつくることに憧れる人や、前世の因縁と信じて幸せをあきらめている人に、人生の正しいつくり方を伝えたいからです。フラクタル心理カウンセラーは、私の天職となりました。

フラクタル心理学は、悩みという心の浅い部分の動きを読み取らなくても、その人の深い心の中にある原因がわかります。それは、その人の家族環境や現在の人間関係に、その人の深い心の部分が投影されているからです。

ですから、解決法を探るのに、相談者の話をくわしく聞く必要はありません。そこから「悩みを聞かないセラピスト」と名乗るようになり、多くの人に解決法をお伝えしています。人生を乗り換えた人たちの輝く笑顔が、今の私の誇りです。

3-2 反抗的な子ども時代のツケが40年後に

島田さんは、夫婦で国家資格を持つ治療家です。お客様のマナーの悪さにイライラしていたため、フラクタル心理学で解決できるかもしれないと思い、学び始めました。その結果はどうだったのか、ご紹介しましょう。

事例

島田佳明様（47歳）

東京都　柔道整復師

私は、これまで正義感が強く、ルールを守らない人を見るとイライラしていました。電車に並ばずに乗ってくる人、自転車で車道を走らない人、右側通行を守らない人に「どうしてルールを守らないんだ！」と、すごくイライラするのです。車の運転中、マナーが悪いドライバーを見るだけで、怒り心頭。方向指示器の点滅を出さずに横入りしてくる車には、瞬間的に怒りが湧いていました。

マナーを守らない人たちに腹が立つのは、患者さんに対してもそうでした。予約を守らない人、マナーの悪い人にイライラするのです。その内心を何とか顔に出さないようにしながらも、仕事中には気分のムラがありました。

これでは、仕事をしていて疲れてしまいます。何とかしなければと思い、悩んでいたところ、妻の紹介でフラクタル心理学を知りました。感情のコントロールだけではなく、根本的な解決法があると言うのです。心を学ぶことは身体を治すことにも役立つと思い、マスターコースを受講することにしました。

初級で、自分が困っている相手は、実は子どもの頃の自分の投影だと学びました。しかし、私は子どもの頃に、マナーが悪いなどと言われた覚えはありません。

そこで、現在の問題の原因を探るべく、誘導瞑想で子どもの頃の自分に会いに行きました。現われたのは、玄関の外に出されている小さな私でした。どうして外に出されたのかは思い出せません。ただ、玄関の外でずっと体育座りをして、家に入れてもらえるのを待っているのです。そこで私は、講師の誘導を受けて、玄関の外に出される前のシーンに戻ってみたのです。

私の実家は、お茶と海苔の販売をしていました。幼稚園児の私にとって、家のそばにあった倉庫は格好の遊び場でした。その倉庫には、きれいに並べられた箱があり、その箱を出して遊んでいたので、父に「片付けておけよ」と言われました。ところが、

時間的フラクタルと空間的フラクタル

父が帰ってきたときに、それはめちゃくちゃな状態になっていたのでした。それでこっぴどく怒られて、外に出されたのでした。

このことを思い出すと、その他にも親に怒られたエピソードを思い出しました。夜間に配達に行く両親から「早く寝なさい」と言われたのに、それを守らず姉といつまでもテレビを見ていたので、怒られたこともありました。

このようなシーンを思い出すまで、大人の私は、親の言いつけを守らなかった幼い自分にまったく覚えがありませんでした。親の言いつけとは、子どもにとってルールです。ルールを破っていたのは、まさに私でした。フラクタル心理学で言う、忘却の彼方の意識が現実化していることを痛感したのです。言いつけを守らない小さな私こそ、今の私がイライラする、ルール破りを平気でする人たちそのものだったのです。

箱を言われた通りにきちんと並べることと、電車できちんと整列することは相似形の出来事でした。自分が並んでいたものをめちゃくちゃにしていたことが、乗車の列に並ばずに割り込む人として現実化し、どちらもルールを破っている。まさに、自分がしたことが返ってきたのです！

あの頃は、父がなぜこんなに腹を立てるのだろうと、その意味がまったくわかりませんでした。だから、原因が記憶に残らなかったのです。しかし、自分がルール破りをされる側になってみると、初めて父の気持ちがわかりました。親はルールを教えてくれていたのにと思うと、申し訳なく感じたのでした。

フラクタル心理学では、親に心の中で謝罪することが有効であると習いました。実際に目の前で謝らなくてもいいのです。私は早速、心の中で「お父さんお母さん、仕事の邪魔をしてごめんなさい。言うことを聞かずにごめんなさい」と唱えることにしました。

それを唱え始めてしばらくすると、徐々にイライラすることが減っていったのです。それは、私のまわりからルールを破る人が自然といなくなったからでした。この変化は、私の中では大きな衝撃で、思考を修正すると現実が変わることを体感した出来事でした。

また、私は頭痛に悩まされていました。不思議なことに、この頭痛は決まって休日になると起こるのです。そのことを、元看護師であるフラクタル心理学の講師に相談してみました。そうすると、「休日と関係することで、お父さんに何か不満がありませんでしたか？」と思いもよらない質問が返ってきたのです。

不満と聞かれて、心あたりがありました。家は商売をしていたので、大きな旅行に連れて行ってもらったことがないことを、私自身ずっと不満に思っていたのです。すると講師は、「お父さんに思っていたことが、父親となり、ご自身に返ってきたのですね。お休みの日に子どもたちをどこかに連れて行かないと、何だか子どもたちに責められているように感じるのでしょう。それが頭痛を起こしていますね。そして、頭痛があると、連れて行けない言い訳ができるのです。インナーチャイルドに、お父さんは一所懸命働いてくれていて、それで今の自分があるんだよ、ということを教えてあげてください」と言われました。

これで頭痛が治るのなら、と一所懸命、言われた通りの修正を行なうと、何と、休みの日の頭痛がなくなったのです。身体の不調も自分がつくっていたとは！「フラクタル心理学ってすごい！」と思いました。

さらに、お客様の傾向に、私たち夫婦の意識が投影されていることに気づきました。かつて、私たちに愚痴が多いときは、愚痴が多いお客様が多かったのですが、今では前向きな方が多くいらっしゃるのです。それは私たち自身が前向きになったからでした。

私たちの意識がお客様に投影されるのならば、自分たちが人生に対してもっと積極的に挑戦していこうと思いました。すると、お客様の治りも早いでしょう。

そのかいあって、いつか表参道に店を持ちたいという夢を叶えるまでになりました。理想の場所で、すてきなお客様を迎える日々を過ごせることが何よりも幸せです。

3-3 虐待された過去ががらりと変化した！

かつて両親のDVに苦しんだ和泉さんは、結婚生活もうまくいかず、息子が自傷行為をするなど、人生でつらいことばかりでした。しかし、フラクタル心理学を学んだ今、キャンドル作家として人気の店を経営し、幸せをつかみました。和泉さんはいったい両親のDVをどう癒したのでしょうか。それをご紹介しましょう。

事例

和泉詩織様（31歳）

北海道　キャンドル作家

私は、小学生の頃から過呼吸に悩まされてきました。大人たちの家庭内暴力が日常のわが家では、お酒を飲んだおじいちゃんが暴れると、家族はそれぞれ鍵のかかる部屋に逃げ込んでいました。そのうちに、私の過呼吸が始まるのです。すると、暴力がおさまったり、みんなが心配してくれるので、幼い私にとって過呼吸は苦しいながらも必要なものでした。

また、父と母も私を虐待していました。父は昼間から寝ていて、起きればギャンブルをするような人で、短気でいつも怒っていました。母は、八つ当たりで私を叩くような人でした。

私は、幼少期から毎日毎日習い事に通わされ、自由のない身でした。友人と遊ぶ時間さえなく、私は親の言いなりでしか生きられない、と思って生きてきました。そして、親に傷つけられて育ったというつらい思いから、若い頃はリストカットをしたこともあります。

その後、社会人となり就職しましたが、先輩にいじめられて、うつになってしまいました。そんな自分を慰めようと、キャンドルの癒し効果に強く惹かれるようになりました。キャンドル制作教室に行き、自分の人生を取り戻すかのように8年間、キャンドルをつくり続ける毎日を過ごしました。そして、自分がキャンドルで癒されたように、傷ついた人をキャンドルで癒したいと強く思うようになり、会社員からキャンドル作家へと転身しました。

その頃結婚もし、やっと自分のやりたいことに出会えた喜びと使命を持って活動をしていました。ところが、仕事の依頼が増え始めた頃、結婚生活がうまくいかなくなり、1歳の息子も、自分で自分に噛みつくという自傷行為を始めたのです。

「お母さんが忙しすぎて、かまってあげないからじゃないですか？」と保育士に言われ、私はこの子が寂しい思いをしないよう、仕事を縮小することにしました。でも、自傷行為は治まりません。また、嫉妬心や束縛心が強く、感情の起伏が激しくて攻撃的な夫との関係にも悩んでいました。

いつも夫の顔色をうかがい、夫の悪口を言う毎日でした。そんな自分にも嫌気がさし、最低な気分の日々でした。ワンオペ育児にも疲れて、子育ても耐えられない。主人の許可がなければ何もできないと思っていたので、今後についても悩んでいました。そんなとき、人に勧められてフラクタル心理学の家族関係コースを受講したのです。これは、親子の関係を見直すコースでした。

その講座中のランチの間にも仕事の話が舞い込み、私は断りの電話を入れていました。そのとき講師から「その依頼は、あなたが仕事をしたいから現実化しているんじゃない？」と言われ、すごく驚きました。フラクタル心理学では、「自分に起きていることのすべては自分の思考の結果」だと言うのです。とすると、他人が私の仕事の依頼をすることも、私がつくり出している？　だとすると、「仕事の依頼が増え続けるのは、私が仕事をしたいと思っているということなのか！」と、自分の本当の気持ちに気づいたのです。

しかし、子どもの自傷行為が治まらなければ、安心して仕事もできません。この状況も私がつくり出しているとしたら、と考えてみることにしました。そうすると、自分自身の幼少期からこれまで、傷の絶えない人生だったことを思い出したのです。私は、その原因を探るべく、フラクタル心理学を本格的に学ぶことにしてマスターコースへと進みました。

初級では、講師の誘導で受講生全員が幼少期の思い出に戻ります。そのとき、祖父の暴力シーンを思い出して、実際に過呼吸となり、講座が中断となりました。その後のランチ休憩で、他の受講生が静かに昼食をとる中、私だけおしゃべりしながら完食しました。すると講師から「過呼吸になって騒いだのは、完全にインナーチャイルドの手口ですね」と言われたのです。

そのとき私は、「つらい体験があっても、健気に生きる自分」を、講師や他の受講生にアピールしたいために、過呼吸を引き起こしていたとわかったのです！　そのために講座を中断させて、他の受講生に迷惑をかけていたのでした。まさに、穴があったら入りたいような羞恥心に見舞われました。

大人になった今でもこんなことをしているのですから、子どもの頃の私が過呼吸になったのも、まったく同じ理由です。自分を傷つけて周囲の気を引く癖を発見したことは衝撃でした。わが子の噛み癖は、まさに私の若い頃のリストカットの理由と相似形だったのです。自分を傷つけてまでかまってほしい、自分だけを見てほしいと思っていたのは、息子ではなく、私の深層意識（インナーチャイルド）でした。それは、寂しさからではなく、本当は、自分が中心になれない恨みからでした。

この思考を息子に投影していたのだとわかった私は、自分がまず、傷ついた自分をアピールすることをやめなければなりません。そのために、誘導瞑想で過去をたどることにしたのです。

母親から暴力を受けた子どもの頃のシーンに戻ると、母親に髪をひっぱられて引きずられ、私は泣きながら、「くそばばあ」と母親に悪態をついているのでした。ここで、フラクタル心理学の誘導瞑想では、「その前のシーンへ戻ってください」と講師に誘導されます。すると、次のようなシーンが浮かんできました。

母に怒られる前のシーンは思いもよらぬ展開だったのです。私は、眠っている妹の手とおでこを瞬間接着剤でくっつけたのです！　妹に口げんかで負けたのが悔しくて、仕返しをしたのでした。

私は母に怒られ、反省するどころか母にも悪態をついていました。これでは、母が真っ赤になって怒るのも当然でした。

不都合なことは記憶しない

その前のシーンは……

忘れるには理由がある

他にも、「これおいしいけれど、1個しかないよ」と妹たちに競わせ、カブトムシの餌のゼリーを食べさせたりと悪行三昧。そんな私を母は叱りつけていたのですが、私が「くそばばあ！」と言い返して暴れたので、母が私を叩いたのです。

これらのことは私の中では、おもしろい思い出として記憶していました。しかし、まさかあのおもしろい思い出と親のひどい暴力が、ひとつの出来事だったとは思いもよらない真実でした。虐待だと感じていたことは、人を見下していじめ、親の注意に従わず反撃する私に対する強い制止だったのです。不当に感じられた母の暴力には、理由があったことをまざまざと見せつけられました。子どもの私は、何と暴君だったことでしょう。さらにこの暴君の私は、おじいちゃんとも相似形であったのです。

また、背中を急にバン！　と叩かれたなどの暴力シーンは、日常茶飯事だと記憶していました。しかし、実際は一、二度だったこともわかりました。それを恨んで、ひどい、怖いと脳内で繰り返し再生していたのです。その結果、大人になってその記憶がたまり、「いつもそうだった」と感じていたことにも驚きました。記憶は、私の都合のいいように、**自動的にねつ造されていた**のです。

フラクタル心理学の誘導瞑想は、過去を意図的につくり変えるという感じではなく、過去そのものを、大人の私が正しく認識するというものでした。自由を奪うと感じていた習い事も、母が私に手をあげたことも、私には必要な躾だったのです。ここがわかると、驚いたことに、波が押し寄せるように親のしてくれたよいことを次々に思い出したのです。

暴力的でギャンブルばかりしている怠け者と思っていた父は、実は朝早くから漁に出て働く立派な父でした。昼間寝ていたのは、夜明け前から働いていたからだったのです。娘たちには習い事にいくつも通わせるほどの収入を得ていて、従業員たちには1日も遅れることなく給料を払っていた経営者だったのです。今まで、それがまったく理解できていませんでした。

また、母は手づくりのケーキを焼いてくれたり、マラソン大会があると言えば、毎朝起こしてくれて一緒に走ってくれたり、手づくりの人形をつくってくれたりと、すごく愛されていた自分を発見しました。

これらの記憶は頭の中にあったのに、今まで無視されていたのです。かわいそうな自分をつくり上げるために、私は自分の都合のいいように記憶を取捨選択し、組み換えてねつ造していたのです。

これまでずっと、愛されている安心な場がほしいと願ってきました。しかし、愛は最初からここにあり、もう求めなくていいということがわかったのです。大きな安堵感に包まれると、私の世界から傷ついたかわいそうなインナーチャイルドが消滅したのです。その結果、息子の自傷行為もなくなりました。

親の愛がわからず、寂しくて仕方がなかった頃、仕事のつながりがある人たちは依存的な人ばかりでした。しかし私の中から寂しさがなくなると、依存的な人はまわりからいなくなり、スタッフも意欲的になりました。それぞれが責任感を持って仕事をしてくれるので、スタッフの作品にもファンがつくようになりました。

その結果、売上げが上がっていったのです。地元北海道の花をドライフラワーにしたオリジナルキャンドルづくり体験は、大手旅行雑誌の「函館体験人気ランキング」で1位を受賞するまでになりました。

「かわいそうな人を癒したい」と始めたキャンドル制作でしたが、現在は、「私たちのつくり出すキャンドルの炎の揺らぎで、本来自分が持っている強さ、美しさ、安心感を思い出し、幸せな出来事が降り注いできますように」と願い、活動をしています。

その想いと女性支援が評価され、経済産業省の北海道女性企業支援のメンバーにも選ばれました。これからもインナーチャイルドに惑わされず、仕事も育児も楽しんでいきたいと思います。

3-4 魔法がかかったように家族関係が好転

藤田さんはかつて、父親を空気以下だと思って、その存在さえも無視していました。妹とも不仲で、家族はバラバラだったと言います。藤田さんはどのように家族関係を改善していったのでしょうか。ご本人も、「魔法のようだった」と語る大逆転のケースをご紹介します。

事例 **藤田奈美**様（仮名）（50歳） 東京都 美容院経営

私の家は岐阜県にあり、母が美容師で、父がその美容院の経営をしていました。私と年子の妹も父の会社に就職し、全盛期はスタッフ20名を抱える人気の美容院でした。ところが、ある日突然、父の借金が発覚したのです。その瞬間から、人生の歯車が狂ってしまいました。

会社は存続の危機に陥り、それが引き金となって、家族関係が崩壊しました。スタッフは次々と辞めていき、家族以外で残ってくれたのはふたりだけ。長女の私が何とかしなければと思うのですが、その他にも問題が見つかり、父を責めることしかできませんでした。結局、私が借金の肩代わりをして、少しずつでも毎月返済していくことにしたのですが、私ひとりで鎧を着て戦っているようで、本当につらい日々でした。

その後、私が店を継ぎ、何とか盛り立てていこうとしていた矢先、妹との不仲が加速しました。分社化して美容商材の会社を立ち上げた妹とだけでも一緒に頑張っていこうと思っていたのですが、彼女は何かにつけて私に好戦的なのです。会話ができるどころの話ではなく、結局「もう、奈美さんとは一緒にできません」と告げられてしまいました。

実は、妹の態度は仕方がないと思う私もいて、「じゃあ、私は美容院としてやっていくね」と、ビジネス上でも決別することになりました。なぜ仕方がないと思ってしまったのかというと、誰と会っても妹はいつも枕詞のように、「私は姉にいじめられてきた」と話し出すのです。そのたびに、私は妹をいじめてきたんだから、不仲は仕方がないと思ってきました。

その後、ひとり娘の進学を機に東京へ移り住むことになった私は、シェアサロンを借りてゼロから始めることにしました。岐阜の店では、月に一度のペースで仕事をしながら、新しいスタートを切ったのです。その後、持ち前の「何とかしなきゃ」の精神で、上京から一年半後には南青山に出店することができました。ところが、歴史は繰り返されるのでしょうか。南青山の契約の2日前に突然、岐阜のスタッフ全員が辞めると言ってきたのです。二度目のスタッフ離れに怒りと自信喪失の念が湧き上がる中、出した答えは「私はやっぱり東京だ！」というものでした。

その後もいろいろとありましたが、岐阜のほうは見かねた妹がやってくれることになり、私は東京で本腰を入れて働くことにしました。

そんなときに、いつも来てくださる綺麗なお客様の幸せそうな笑顔が気になり、いつもは聞かないのに、つい「何をしていらっしゃるのですか？」と口から出てしまいました。「心理学の会社で講師として勤めています」と言われ、髪をカラーリングする間、お話を聞かせていただくことになりました。

聞き上手に任せるように胸の内を話すと、「それはね、『お父さん、ごめんなさい』ですよ」と、にこやかにおっしゃるのです。私の話のどこに父に謝るポイントがあったのか見当もつきません。私は瞬間的に、「父はひどいんです！　絶対あり得ません！」と言い返しました。とは言ったものの気になり、「先生も謝ったのですか？」と聞いてみると、今度は優しく微笑んで、「謝ったわよ～」と言われたことが印象に残り、私はフラクタル心理学の体験会に参加したのです。

体験会では、思考と現象の関係を図解で教えていただき、すごく納得できました。そこからマスターコースを受講することにしました。入門後、初級を受けると決めたとたんに、顔以外にじんましんが現われ、その原因はわかりませんでした。

じんましんなんて経験したことがなかったので、びっくりして講師に相談すると、どうやら私の深層意識が、自分が変わろうとしていることに抵抗していると言うのです。「そうか、私の中で何かが抵抗して騒いでいるんだ。しかし、このままでは何も変わらないから、だからこそやらないといけない」と思ったら、不思議なことにじんましんはひいていったのです。この体験には驚きました。

初級では、なぜかペアワークの相手が、お父さんが大好きな人ばかりでした。私と真逆の人とお互いに誘導瞑想を行なうと、思い出されるのは妹との楽しいことばかりで、とても仲がよい姉妹の姿が出てきました。私は、妹をすごくいじめていたと思っていたのですが、真実はいつも世話をし、すごく可愛がっていたことを思い出したのです。私は、大きくなってから妹からさんざんいじめられたと聞かされていたので、自分自身もそう思い込んでいたのでした。「本当は仲のよい姉妹だった！」という過去を見つけると、妹に対する愛情が思い出されてきました。するとびっくりするようなことが起こったのです。

岐阜に帰ってみると、妹は別人のようになっていました。あれほど好戦的で会話にもならなかったのに、普通に私に接してくるのです。仕事の打ち合わせで、その場にやって来た人と場所を移動すると、あまりの雰囲気の違いに、「さっきの、妹さんですか!?」と聞かれたほどでした。まさに、キツネにつままれたような感覚でした。

また、これまで妹が東京に来ているかどうかなんて一切知ることもなかったのですが、妹から、「出張に来ているからご飯を一緒に食べよう」と連絡が来たのです。もう何が起こったのかわかりません。

そして、妹と妹の会社のスタッフと3人での食事の席で、いつもの言葉が始まりました。「私は姉にいじめられ……」「ちょっと待って。あのときのこと覚えてる?」と、私はとっさに会話を遮り、初級で見た楽しかった記憶の話をしたのです。すると、しばらく宙を見つめていた妹が、「私さ、お姉ちゃんのことが大好きで……」と語り出したのです！　それは魔法のように世界が変わった瞬間でした。妹と和解するなんて、一生無理なことだと思っていたのです。

私はさらに魔法にかかりました。それは、中級で前世誘導を行なったときのことです。前世はないという解説を受けた上で、深層意識のパターンをビジョン化するために前世をイメージするというものでした。そこに、あのひどい父が現われたのです。

前世では私は王で、父は従者として、やりたい放題の私を受容し、どんなことでも全部やってくれている姿を見てしまいました。その姿に、脳内がパッカーン！　と開いたような衝撃を受けました。ひどいのは父ではなく、私だったと気づいてしまったのです。

そういえば、ずっと恨みに思っていたことがありました。私が中学生のときに、先生に殴られたことがあり、そのことに対して、父はだんまりを決めこんだのです。私は「ひどい！　味方だと思っていたのに、先生に何も言ってくれないんだ」と、父の対応にショックを受け、そこから、「こんな親はあてにならない。ひとりで生きてやる」と決めたのでした。

ところが、前世で見たパターンの通りだとすると、真実は、私が学校の校則に楯突くなど殴られるようなことをしたからであって、それを棚に上げて父に味方をしろと憤慨していたことになります。父は、娘の間違いに気づいていたからこそ、黙っていたのです。

時間的フラクタル

父の本当の姿は、私のことを私以上に知っている一番の理解者でした。そういえば、私は父の間違いを責め続けましたが、父は私が何を間違っていようと責めることはしませんでした。父に謝ってもらいこそすれ、こちらには謝る筋合いはないと思ってきた私の自信は、見事に崩れ去りました。

妹が私を理不尽に恨んでいたのは、私が理不尽に父を恨み、謝ってほしいと長年思っていたので、それが投影されていたのでした。

私が父に心から謝れば、妹とも心底仲よくなれるのだということがわかりました。そして、「お父さん、ごめんなさい」と伝えることができたのです。

今ではすっかり和解して、家族みんなが仲よしになりました。妹とは、ビジネスを提携して頑張っています。あの頃には考えられませんでしたが、東京に父が遊びに来てくれるまでになりました。

私の交友関係も著しく変化し、夢の実現のサポートをしてくれる人が増えてきました。私は、もうひとりで頑張らなくてもいいと、心から思えるようになり、鎧を脱ぐことができました。ありのままの柔らかい私で、これからは生きていけそうです。

講座がひとつ終わるたびに、身近な人間関係が変化していった状況には、本当に驚きました。これは偶然ではなく、人間関係も自分の心が決めていることを、身をもって体験しました。

3-5 横暴な人が消えて妻も回復、仕事も拡大

井上さんは、職場でも家庭でも、いつも理不尽な怒られ方をする身でした。そして、その状況は、転職しても続くのでした。このストレスの溜まる状況を、井上さんはまわりに一切働きかけずに改善することに成功しました。インナーチャイルドの修正法を、人間関係にも営業にも活用した井上さんのケースをご紹介しましょう。

事例 **井上昭雄**様(仮名)(40歳) 設計士

フラクタル心理学と出会う前の私は、家庭も仕事もつらいものでした。とくに、妻がパニック障害で、一度怒り出すと止められず、「私のことを何も考えてくれてない!」と泣きわめいたり、私が翌朝出勤することなんてお構いなしで、平気で夜中の3時まで人の悪口を聞かされることもあり、いつも疲労困憊していました。

妻は電車に乗れない、船にも飛行機にも乗れない。気晴らしに山にドライブに出か

けても、山頂で過呼吸になってしまいます。どこにも出かけることができない姿を不憫に思うとともに、この状況に付き合っていくことに私自身、心身ともに疲れきっていました。

そして、職場ではひどく叱られることが悩みでした。当時、食品会社の総務で働いていたのですが、伝票処理のミスが多かったので、いつも上司に叱られていました。しかし、私にはミスをしてしまう理由がありました。それは、右耳にA社、左耳でB社の電話を同時に取りながら、手元ではまた別の作業が求められ、出荷用の伝票作成も行なうのです。上司に大声で叱られながら、心の中では「うるさいなぁ、そんなもんできるか！」と思っていました。

仕事の悩みはどうしようもないものの、家庭だけでも何とかしたいと考えて、私はパニック障害について調べました。そこで見つけたのが、フラクタル心理学だったのです。何だかよくわからないけれど、直感でよさそうだと感じ、妻に「ここのカウンセリングを受けてみないか？」と話をしました。妻も私も、出口のない迷路を走り回っていたので、とにかく何かが変わるのなら！　と、カウンセリングに行くことにしました。

私の直感は当たり、妻はカウンセリングでひどい状況が少しずつ変化していきました。彼女がマスターコースを学び出した頃には、夫婦でドライブを楽しみ、過呼吸や気絶するような大変な状況は嘘のようになくなっていました。

そこで、「そんなに変わるのなら、私も行ってみようかな」という好奇心で、私たちは夫婦揃ってマスターコースを受講したのでした。

この頃、私は叔父の会社に転職しました。設計士として、大工だった叔父と二人三脚で仕事を始めたのです。「これで、前職のように無理難題で叱られることはなくなった！」と喜んでいたのも束の間、これまでうまくいっていた叔父との関係が、一緒に仕事をすることによって、おかしくなっていったのです。

どういうわけか、叔父に頭ごなしに叱られるようになってしまったのです。私の担当は、お客様と打ち合わせをして図面を引くことだったのですが、お客様の希望を叔父に伝えると、「そんなのできるか！」と一喝される。「ここをこう2ミリずらして」と提案すれば、「そこまで言うなら、もっと正確な図面を書け！」と聞き入れてもらえないのです。挙句の果てには、「素人が口を出すな！」と言われて終わりでした。

それだけならまだ耐えられたのですが、現場で怒られたその晩は、必ず電話がかかってきて、電話口で1時間も叱られるのです。あまりの理不尽な怒りの内容に、こちらにも怒りが溜まって爆発寸前でした。

このタイミングで、インナーチャイルドの修正法を学んだことが救いでした。インナーチャイルドの修正法を使うと、他人が魔法のように変わると聞き、これはいい！　と思いました。早速、学んだ通りに変えたい相手に言いたいことを書いてみました。ところが、叔父の悪口を書けば書くほど、どこか思い当たるふしがあり、居心地が悪いのです。

フラクタル心理学では、相手の悪い態度は自分のインナーチャイルドの姿だと教わります。「あれ？　ということは、これって自分のこと!?」と気づいた瞬間、背中に鳥肌が立ちました。これが自分だと考えると、「私は何てひどいやつなんだ！」と自分自身に怒りが湧いてきたのです。叔父もかつての上司も、私のインナーチャイルドの投影でした。

私は早速、誘導瞑想で、この理不尽に人を叱りつける自分と対面することにしました。そうすると、三輪車に乗った小さな私が出てきたのです。一見、何も問題のないシーンでしたが、視野を広げてみると、その場所に驚愕しました。

私が三輪車に乗っていたのは何と、実家の廊下だったのです。わが物顔で外の乗り物を家で乗り回し、止める家族を邪魔だと怒っている小さな私は、親の言うことを聞いたら負けだと思っているようで、頑として家の中で三輪車を乗り回すことをやめません。親よりも自分のほうが偉いと勘違いしているこの姿は、理不尽なことがまかり通っている現在の私の状況と重なりました。

私は、この傍若無人なインナーチャイルドを説得することにしました。小さな私に大人の私が語りかけるイメージをしながら、「言うことを聞いたら負けだと思っているんだね。そもそも、これは注意なんだから聞かないといけないよ。勝っても得はないし、負けても大丈夫」と、大人の私の思う正しい方向を伝えたのです。すると、小さな私は納得し、三輪車を外に片付けて楽しく遊びだし、ひと安心しました。

それから、叔父の怒りの理由がわかりました。私は言うことを聞いたら負けだと思って生きてきたので、叔父の言うことを一切聞かなかったのです。叔父のあの怒りの言葉はもっともだとわかり、その日のうちに叔父に謝罪し、きちんと親の言うことを聞くと決めたのです。

すると異変が起こりました。翌日、出勤すると、叔父の様子が何だか変わっていたのです。そこから叱られる回数は激減し、今では年に一度あるかないかにまで変化しました。親より自分のほうが偉いと思っていたインナーチャイルドが、仕事の人間関係に影響していたことを痛感した出来事でした。

時間的フラクタル

「人の言うことを聞かない」が拡大

その後も、困ったお客さんが来れば、自分のインナーチャイルドと対話をすることが習慣になりました。インナーチャイルドが「わかった。そうするよ」と間違いを改めた分、おもしろいように現実が変わっていくのです。

この仕事を始めた当初の契約数は年間5件ほどでしたが、現在はすばらしいお客様に恵まれ、年間50件もの契約をいただけるようになりました。

フラクタル心理学を学ぶ前の私は、自分の人生なのに成り行き任せでした。今は、自分自身の人生にハンドルがついたような感覚です。自分の人生をコントロールし、自在に運転ができていると実感しています。

3-6 ニュースが教えてくれた最善の解決法

歯科医院の経営コンサルタント、渥美公敬（ともひろ）さんは、フラクタル心理学の「周囲は自分の投影」という視点を持つことで、他のコンサルティングでは行き詰まってしまうマネジメントの課題に突破口を見出せるようになり、ご自身のビジネスを確立、飛躍させました。そのいきさつをご紹介します。

事例

渥美公敬様（44歳）

神奈川県　歯科経営コンサルタント

フラクタル心理学の存在とそのおもしろさに気づいたのは、フラクタル心理カウンセラーさんとのランチの場でした。私は職業柄、コミュニケーションスキルの向上と自己探求のために、コーチングやさまざまな心理学を勉強していました。

食事を楽しみながら、「最近気になるニュースはありますか？」と聞かれ、「北朝鮮とアメリカの軍事衝突危機のニュースが、ネットニュースをくまなく見るくらい気になる」と答えました。「北朝鮮の指導者に何と言いたいですか？」と問われたので、「どうせ軍事という土俵ではアメリカには勝てないのだから、軍事にかけるお金を自国民の幸せや発展など、有意義に使うべき」と話すと、カウンセラーさんは「何か渥美さんの身近なことで、これと同じようなことに心あたりはありませんか？」と返してきたのです。

そう言われて、ハッとしました。他社との差別化を出したいと願いつつも、同業と同じ内容を扱わないと認められないのでは……との思いで葛藤を抱えていたのです。その思いが、大手コンサル会社はアメリカ、自分の立場が北朝鮮と重なり、どこか似ているように感じたのです。

相手の土俵で戦っている北朝鮮は、まさに自分。そして、北朝鮮に言いたいことは、まさに自分に言いたいことと一致し、驚愕しました。そして、なぜあのニュースが気になって仕方がなかったのか？　あのニュースは、自分の状況を相似形で映し出していた、自分の投影だと理解できたのです。

今まで私が体験してきた心理学のセッションは、静かな場所でじっくりと内面に遡っていくことで気づきを得るという手法でした。ところがフラクタル心理学は、騒

空間的フラクタル

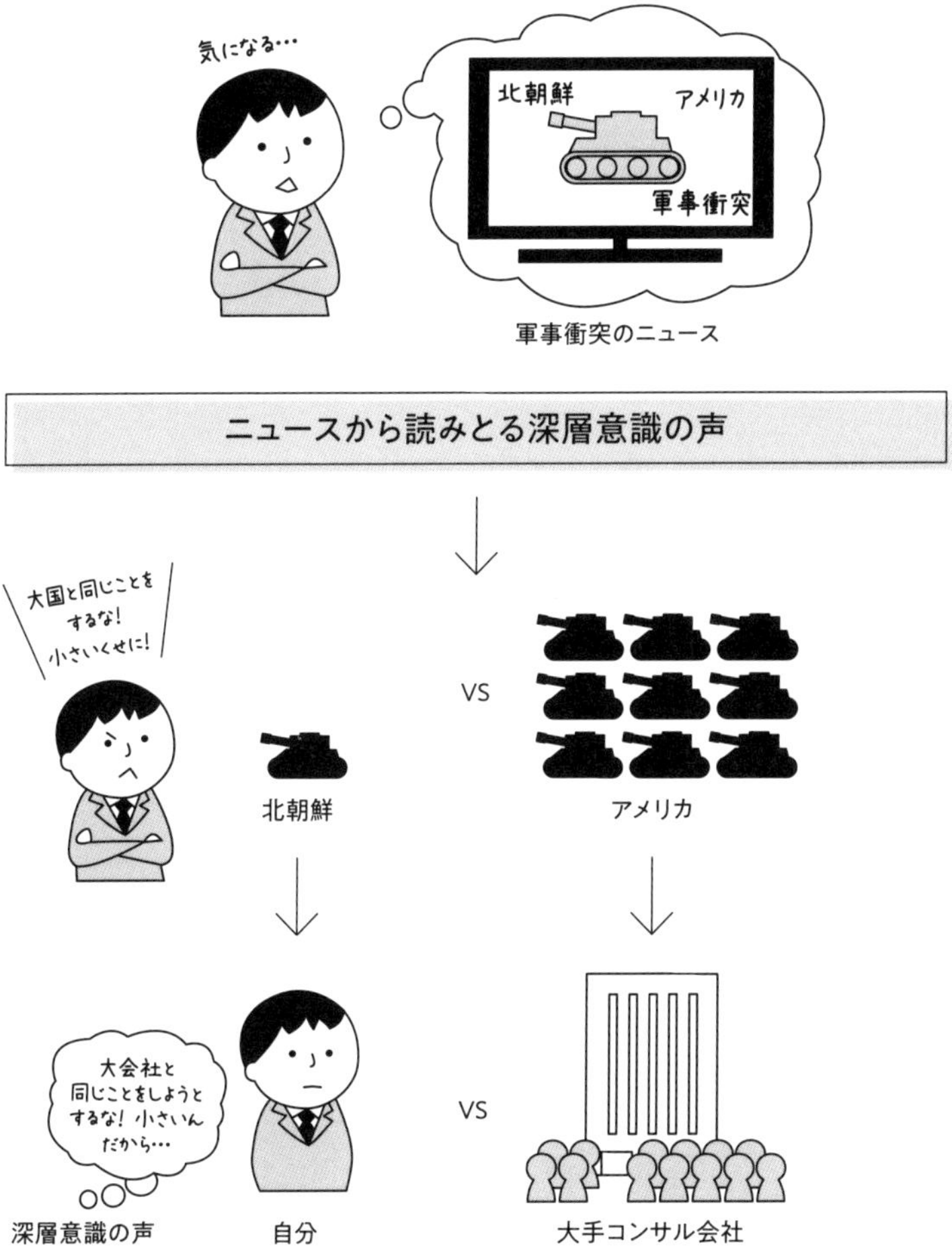
気になる…
北朝鮮
アメリカ
軍事衝突
軍事衝突のニュース
ニュースから読みとる深層意識の声
大国と同じことをするな! 小さいくせに!
VS
北朝鮮
アメリカ
大会社と同じことをしようとするな! 小さいんだから…
VS
深層意識の声
自分
大手コンサル会社

がしいレストランの中での雑談から、自身の深層意識の状態を探りあて、抱えている課題や取り組むべき解決法までわかってしまうというのです。思わず、「それ、どういう手法ですか？」と聞いたことが、フラクタル心理学を学ぶきっかけでした。

私は、今までたくさんの医院のコンサルティングをしてきましたが、いくつかの医院で「またこのパターンか……」と似たようなケースに遭遇することがありました。

スタッフによる金品の横領、スタッフの一斉退職、労働訴訟、労基署への密告など、非常に大きな問題に遭遇する院長は、きまって父親との関係が悪いのです。当初は不思議に感じていましたが、フラクタル心理学を学ぶことで、「自分が経営者となりスタッフを雇うと、親子関係が再現され、自分がかつて親に対してしていた態度を、スタッフが自分に対して取るのだ」ということを知りました。

このように、あくまで私自身の経験にすぎなかったことが、フラクタル心理学で「なぜそうなるのか？」が理論的に裏付けできることに衝撃を受けました。

同時に、自分自身が親に対する思いを変えなければならないこともわかりました。院長も私の投影ですから、私も親の言うことをバカにしてよく聞かなかったのでしょう。今までは「人の問題」と思っていたことも、すべて自分の問題として、自分が子どもの頃の思いを直すようになったのです。すると、院長とスタッフの関係が、以前よりも早く解決するようになりました。

　このように、自分が変わることで、相手が変わるということを体験すると、自分がパワフルな存在だということが実感できました。

　また、数年前に父が余命宣告を受けたことをきっかけに、母がうつになりました。太陽のように明るかった母が、この日を境にどんな声かけをしても、「しんどい」「先が見えない」とネガティブなことばかり言うようになり、それを毎日聞かされる父親や弟も気が滅入っていました。

　もし、母のうつが自分の投影であるとしたら、私のどんな思考を修正すれば、母は元通りに元気になるのか。それを知りたくて、私は一色先生の個人セッションを受けました。くわしい家族環境などは話しませんでしたが、一色先生は、私の怠慢な思考を見抜き、「もっと社会に役立つように働け、エネルギーを出せ」という修正文をつくってくださいました。いちおう母宛ての修正文でしたが、これを母ではなく自分が読むのです。

　母は歳の離れた兄弟がいる末っ子で、家族から当たり前に保護を受けてきました。結婚を機に、その保護役が父に移行したことで、父の余命宣告を受けて依存先を失った絶望感により、自分を病気にしたのではないか、と推測していたのです。しかし実は、私の幼少期の感情にも、まわりに「自分のそばにいてほしい、私に合わせてほしい」と、依存的な気持ちがあったことを思い出したのです。依存の元は、何事も頑張れない私の怠慢さでした。

かつての私は、事業家はいろいろなことに興味を持つことがすばらしく、事業の柱は複数あった方がよいと考え、コンサルティング以外の事業にも手を出していました。そんな自分は勤勉だとさえ思っていました。しかし、おもしろいものを見つけては次々に飛びつく姿は、ひとつのことを頑張りたくない、飽き性で怠慢の証拠だったのです。

私の中の怠慢や依存が母に投影され、うつとして現実化しているのだとしたら？母ではなく、私の心の中の怠慢さを直すことが解決策である。ここが腑に落ちた私は、事業の分散をすべて断ち切ってコンサル業1本にしぼることにしました。

1本に迷いなくエネルギーを集中し、自分のやるべきことに前向きに動けるようになって1年が過ぎた年末、実家へ帰省すると、睡眠薬がないと眠れなかった母が、薬なしで眠れるようになっていました。1週間の滞在期間中、マイナス発言が一切なかったことにも感動しました。

このように、すべてを自分の問題として受け止め、自分の思考を修正することが当たり前にできるようになると、対人関係のストレスはほぼゼロになりました。これまで、癖の強いスタッフがいるクライアントへは、「あの人に会うのはしんどいなぁ」と受け身な思いがありました。しかし、自分の課題として思考修正し、前向きな気持ちで臨むと、今まで無口で目も合わせてくれなかったスタッフが、笑顔で話してくれるようになったのです。自分の周囲の世界は、まさに自分がつくっているのだということが実感できました。

フラクタル心理学での学びは、私の人生を変革することに有効でした。かつてのクライアントの規模は、スタッフ10人未満が主でしたが、現在は15~50人規模の医院がメインとなりました。

また、「困り事を助けてほしい」という依頼ではなく、「渥美さんと関わることで、夢の実現を加速させたい」と言ってくださるクライアント様ばかりになりました。同業他社も一切気にならなくなり、お客様も自分も充実した日々を過ごせています。

3-7 長年の吃音《きつおん》にさようなら。大変貌の人生へ

子どもの頃からの吃音で、人前で話すことに自信がなかった内科医の山谷春喜先生は、その原因を探る中でフラクタル心理学と出逢い、吃音の原因がわかり、今では人前で堂々と話す地域の医師会長となりました。思い通りにならない人生をつくった心の中のブレーキを外し、アクセル全開の人生を手に入れた方法をご紹介します。

事例

山谷春喜様（59歳）

新潟県　医師

私は子どもの頃から、「みんなと一緒にいたい」という思いの強い子どもでした。その逆の「人前に出たい」という気持ちもありましたが、目立つのが苦手で、面倒なことはやりたくない、重い役は嫌だと思う、ごく普通の子どもでした。

そんな私に小学2年生の頃から吃音が出始め、学校の発表でどもってしまったのがトラウマとして残り、人前に出るとうまく話せなくなってしまいました。

その後、医学部を卒業して医者となり、地元の市立病院の内科医として地域医療に携わってきました。一対一という患者さんの診療の場では問題なく話せますが、学会発表では言葉が詰まってしまい、はずかしい思いをしたことがありました。ですから内科医として開業してからも、対外的な活動は控えて診察している状況でした。

「自分は、どうして吃音なのだろうか」と疑問を持ち、心の世界や宗教に関する本もよく読みました。医者という職業柄、身体の不調や心の不調に、いったいどんな原因があるのかを知りたかったのです。何とか吃音を克服しようとヨガや断食、あるいは精神世界の探求もしました。

ある日、ネットでアマゾンのおすすめにあがってきた『人生乗り換えの法則　望み通りの人生を創り上げるＴＡＷ理論』（宮崎なぎさ著　講談社刊）と出会い、これまでとはまったく違う新しい概念、「すべてが自分の投影である」「現象がフラクタル構造になっている」などに衝撃を受けました。私もこの主人公同様に、「楽をしたい」とか「自由になりたい」などと当たり前に思っていました。その思考は量がたまると現実化すると書いてあります。そして主人公は会社を解雇されました。

実は、私には息子がふたりいますが、長男が高校からひきこもりの状態になり、ほとほと困っていました。できる限りのことはしましたが、有効な手立てはありませんでした。

しかし、本の主人公の状況と、息子の状況に共通点があるように感じたのです。私は自分の何気ない日頃の思考を見直す必要性を感じ、この講座を受けてみたいと思い、勇気を振りしぼって、新潟から東京まで出て、マスターコースを受講したのです。

初級では、深層意識にある思いによって吃音が出ることを知りました。吃音という症状も、自分の古い思いがつくっているというのです。私の場合、人前に出たい欲求があるにもかかわらず、深層意識に「責任を取りたくない」「他の人と一緒になっていたほうが安心だ」という思いがあり、言葉を発しようとする自分と、それを止める自分がせめぎ合って、吃音となって現われていました。

心の葛藤が吃音として現われると同時に、人生にもブレーキがかかり、前に進めない状態だったのです。それが息子にも現われていたことを知って驚愕しました。まさか、自分の吃音と息子のひきこもりに関係があるとは思ってもいなかったからです。

その後、責任を取りたくない深層意識を変える修正文をつくって、講師に添削してもらいました。内容は、「自分の力で何でもできる。自分でやりなさい」「自分が人生の主役だ」というようなものでした。修正文は毎日繰り返し読むことが大切で、私は1日10回を目標に、毎日読みました。すると、深層意識のブレーキが徐々に外されていき、少しずつ外へ向かって行動できるようになっていきました。

中級の五ヶ年計画を書くという未来をつくるワークでは、「医師会活動をもっと頑張ってやりたい」という目標を立てました

フラクタル心理学では、自分の能力を増やしたいならば、親兄妹を見直せと言います。私の場合は人前で活躍したいのですから、両親が人前で活躍していたイメージがなければ、自分にもむずかしいと感じるというのです。続けて受けた上級の「過去のひっくり返し」ワークで、小さい頃をイメージすると、父母が堂々と話していたことを思い出しました。中学校の文化祭で、地域について堂々と発表する母の姿を思い出したのです。これは記憶がひっくり返ったような出来事でした。

幼い記憶の中の母は、専業主婦で家の中にいて、引っ込み思案で話がうまくないという印象でしたから、本当の母の姿に感動すら覚えました。

さらに、父も医者でしたが、私と同じように人前で話すところなんて見たことがないと思っていたのですが、しっかりとスピーチする姿を思い出したのです。その姿は、まさに私がこれからやりたい姿でした。

意図を変えると別の過去が見えてくる

責任を取ると決めて過去を見直すと…

フラクタル心理学では、「親は、非常に近い自分の深層意識の投影」なので、私にも話す能力があるに違いないと思えました。親の能力は私の可能性だ！　と信じ、「両親も堂々と話していたので、あなたも話せる素質を持っている。だから大丈夫だよ」という修正文をつくって、インナーチャイルドに読み聞かせることにしたのです。

繰り返し自分に言い聞かせるうちに、人前で話すときの予期不安も消えていきました。予期不安とは、「あのときどもっちゃったから、またやるんじゃないか」と、話していないうちから不安を感じることですが、これこそが責任を取ることが嫌で、力を発揮できないようにする深層意識からのブレーキだったのです。

実は、これまで何度か医師会長への立候補を勧められていました。しかし、医師会長になると、人前で話すことが増えるので、私には無理だと遠慮してきました。

ところが今回は、今こそ会長になるタイミングなのではないかと思え、まわりの後押しもあり、医師会長への立候補を表明しました。選挙では満場一致で会長に就任することができました。現在二期目を務めているところです。

また、私の長男も突然、語学留学をしたいと言い出し、ひとりでアメリカやオーストリアに行きました。自分が変われば、息子も成長すると今は信じています。

私はこれまで、大きな仕事を成し遂げたいと思うアクセルと、吃音というブレーキを同時に踏み込んで、動けない状態でした。しかしフラクタル心理学を受講したことで、自分の深層意識に何があるのかを知り、ブレーキとなっていた思考を修正することができました。その結果、人前でどもらずに話ができるようになり、医師会長になったことで人生が開けてきました。

今、ほとんどの人が、自分で病気を引き起こす思考をしていることに気づいていません。そして自分で病気を治せるとも思っていません。とにかく、体調が悪くなったら病院に行って薬を処方してもらうのが当たり前になっています。

病気は偶然起こって、自分ではコントロールできないものと思っています。

しかし、私はフラクタル心理学を学ぶことによって、自分の力を取り戻し、思考を修正すれば病気も克服できると信じています。本人がまず治すと決め、そして医者はその手伝いをするという時代が来ると思っています。

私はかつて、自分自身で自分の可能性を阻み、さらに自分自身でその可能性を開いたという経験を活かし、健康な人を増やしたいと思っています。さらに、地域を活性化して生きがいのある社会をつくりたい。自分の力や可能性を信じる人が増えて、すべての日本人が総活躍できるようにしたい。

その扉を開ける鍵は、フラクタル心理学にあると信じています。

4章

あなたの人生をよくするための知恵

4-1
現実と空想を明確に区別する

前章のフラクタル心理学の体験談はいかがでしたか？　気になる部分や、悩みに共感する部分があったのではないでしょうか。

4章では、前章を踏まえた上で、誰もが陥りやすい問題点や心の癖を解説します。牧野内直美先生の体験談は、私たちに「現実より思考が先である」ことを壮絶なストーリーとともに教えてくれました。このことは、今あなたが感じている現実というものは、いつかのあなたの思考でつくられているということを意味しています。

しかし、私たちはなかなかそれを認識することができません。幸せや幸運はともかく、不幸は環境のせいであると思っているし、被害者は加害者のせいだと信じて疑わないからです。

ということは、環境さえ違ったら、まったく別の人生だったのでしょうか？

いいえ、**環境そのものも、あなたの深い思考の投影です**。ですから、環境を何とかしたいなら、思考を何とかすることが大切なのです。

そこで、このように考えてみましょう。

「自分が不幸になるとしたら、それは自分がそう思考しているから、らしい」

まさか、と思われるかもしれませんが、自分の思考は5%しかわかっていないということを思い出してください。では、いつどこで、自分が不幸になることを考えているのでしょうか。ここで大切なことは、自分の思考を正しく知るということです。

今、あなたが楽しみのままに悲しいドラマの主人公になることを空想したり、たいへんな災難の中でヒーローを演じる自分を空想していたとするなら、その思考は未来をつくるエネルギーとなるのです。ですから、まずは**「自分の空想に気づくこと」**です。それは何年も経って、現実化します。

また空想は、あなたが「今、空想している」と感じているものだけではありません。あなたがまったく気づかないときにも空想しているのです。

私たちは、目の前にあることだけでなく、それ以外のものも存在しているように感じていますが、実は、それは頭の中の空想です。

たとえば、今職場で仕事をしているときに、家には家族がいると思っているし、他県に住む両親は存在すると思っています。この中に、空想と現実が入り混じっているのがわかりますか？

このように言われると、「えっ？」と思うかもしれません。言っている意味がわからないと感じることでしょう。何しろ、「これはペンです」というような、ごく当たり前のことを「それはペンではありません」と言っているのですから、意味がわからなくて当然でしょう。

フラクタル心理学には現実の定義があります。

それは、**「現実とは直接五感のことである」**というものです。今まで曖昧になっていた、現実とは何だ、という疑問に定義をつくり出して、鮮やかに線引きをすることに成功したのです。このことで、思考をより深く知ることができるようになったのはすばらしい発見です。

私がフラクタル心理学の入門を受講したときには、事実と空想を混ぜて現実と感じていることの何が悪いのかよくわかりませんでした。そのことで何も困ってはいないし、空想と言われても、別にそれでいいのではないだろうか、と思ったからです。

しかし、家に帰ってすぐに、自分の思考が何も区画整理できていない現実を目の当たりにしてしまったのです。

キッチンでカトラリーの入った引き出しを開けた瞬間、目に飛び込んできたものに驚きました。思わず、「あーっ！」と声をあげてしまいました。カトラリーの上にツナ缶が鎮座していたのです。今までもここにあったのに、ツナ缶とお箸やスプーンを昨日までは別物だと認識していなかった自分に気づいてしまいました。まるで、「ほらね！　区別が必要だよ！」と言われているようでした。

このときは、まだ相似形の概念なんて知りませんでしたが、カトラリーと缶詰がごちゃ混ぜになっている現実は、「私の頭の中と同じだ！」と発見した出来事でした。今日習ったことが、たしかに今すぐやるべき重要なことだったのだと気づかされたのでした。

物は整理整頓しないと、何がどこにあるのかわからないように、思考も整理整頓しないと、どんな思考をしているのかがわかりません。だから、自分がどんな現実をつくっているのかもわからないのです。私は、思考の整理整頓ができていなかったので、起こってほしいことと、起こってほしくないことが混在して現実化していたのでした。

その後、講師から教わったように、頭の中にいるすべての他人をいったん追い出すことにしました。そして気づいたことは、職場にいて家にいる家族を想像するとき、「あの人

現実と空想を区別する

自分の勝手な空想がいつか現実化する

はあそこで～をしているだろう」という思い込みを勝手にくっつけている、ということでした。それがポジティブなものならば問題はありません。しかし、ネガティブなことをくっつけていると問題が起きるのです。「あの子は今、具合が悪くなっていないだろうか」という言語化されたものには気づきやすいのですが、言語化もしていないネガティブなイメージには気づきにくいのです。

たとえば、自分の子どもを思うときに、反抗的な表情をイメージしたり、自分の父親を思うときに、元気のないイメージを持ったりします。目の前にいないのですから、どんなイメージも持つことができます。ですから、このイメージは、今自分がしている空想のひとつなのです。

これは、現実と空想の区別をして、はじめて気づけることです。

これに慣れてくると、身のまわりの人にネガティブなイメージをくっつけて、「どうせ……」と言いたい自分がいるということがわかってきます。自分の思い通りにならないことは、他人や環境という、今の自分が関与しなくていいエリアに原因がある、と思いたいのです。その思考こそが、コントロールできない現実をつくります。

事実と空想を区別したなら、その空想に問いましょう。

「その空想は、自分に起こってもいいこと?」

「あの子は反抗的」でいいのだろうか？　「母は元気がない」でいいのだろうか？　ひとつひとつ、そう問うてみるのです。すると、「それは困る」という声が聞こえるかもしれません。

そこに気づいたら、その思考をやめるチャンスです。それらをほおっておくと、未来に現実化してしまいます。すでに現実化していることも、今からその思考をやめれば、未来には生じなくなるのです。

4-2 言い訳も現実化する思考のひとつ

あなたは何か断りにくいとき、言い訳を探したことはありませんか?

連日続く会社の飲み会や、付き合いで行くイベント、さほど仲がよくないママ友の集まりなど、「気がすすまないけれど参加しないとな」「気が重いな〜。早いタイミングで抜けられるかな」と思う人付き合いは、誰にでもあると思います。

こんなとき、「急な残業が入って……」「子どもが急に熱を出しちゃって、行きたかったのにごめんね!」と、もっともらしい嘘の言い訳をしたことはないでしょうか?

大人なのですから、「ごめんなさい。今回は参加がむずかしいです」と伝えればそれでいい話なのですが、どうしてこのように言い訳をする癖がついてしまったのでしょうか。

このような人は、言い訳をしないと相手は許してくれない、相手が納得してくれない、と信じ込んでいるのです。それはつまり、あなたが人の都合を許していない証拠です。

このことは主に、親に対して始まりました。「今日は仕事が入って参観日に行けなくなったの」という母親の言葉に、「え〜! なんでよ!」と責めていませんでしたか? 人を責めた分、あなたも人に責められないために言い訳が必要になるのです。

あるいは、あなたは子どもの頃に、何かしなければいけないことをごまかしたくて、嘘の言い訳をしていたのかもしれません。「今日はおなかが痛いから、学校を休む」と仮病を使ったことはないでしょうか。そして、そのやり方はうまくいったのでしょう。子どもの頃のこれらのことが、あなたの思考のパターンをつくります。

あなたがこの思考回路を使い続けてきた結果、大人になっても言い訳をつくる思考の癖がついてしまったのです。

この子どもの頃にできた思考回路は強力です。見つけて修正しない限り、一生、無意識レベルで使い続けます。

しかし、このような小さな嘘ですが、相手に気づかれなくても、自分自身がそれを嘘だと知っているわけですから、あなたの中に少しずつ罪悪感が募ってきます。この罪悪感という思考がたまって現実化すると、あなたにどんな体験が待っていることでしょうか。

3－2の島田さんの体験談では、休日に子どもを遊びに連れて行ってあげることを回避する言い訳として、頭痛が現実化していました。しかし、頑張っているパパなのですから、「今週はゆっくりしたい。来週はどこかに連れて行くよ」で、子どもは納得するはずなの

人を責めた分だけ、人に責められると感じる

自分が許さないので相手も許さないだろうと感じ、
責められないために言い訳が必要になる。

です。しかし、素直にそう言えないのはなぜでしょう?

それは子どもの頃、自営業でまとまった休みを取れない父親に、「お父さんは休日にどこへも遊びに連れて行ってくれない」と責めていたことが始まりでした。それが自分が親になると、子どもを遊びに連れて行かなくてはとは思うけれど、やはり休みたい、という葛藤のイライラで頭痛が生じます。しかし、頭痛のおかげで、島田さんは連れて行けない言い訳ができます。そのために頭痛は都合がいいのです
このふたつの理由から、頭痛はひどくなっていったのでした。

しかし、島田さんは、愛妻家で子煩悩で、育児もきちんとされている理想的な男性です。そんなパパに、家族から不満があるとは思えません。ですが、島田さんの脳内で繰り返し囁かれる「子どもを遊びに連れて行かないと……」という古い呪縛を解かない限り、ゆっくり家で過ごすだけで自動的に罪悪感が募るのです。

この言い訳や罪悪感の現実化は、恐ろしいものです。

これは、自分についての言い訳だけが自分にふりかかるわけではないのです。家族をだしに、嘘の言い訳をして何かから逃げているなら、その言い訳が家族に現実化するかもしれません。

よくあるのは、「私がいずれ親の世話をしないといけないから、結婚はできない」というものです。これは親の衰弱を想定して、結婚から逃げています。こう言い続けると、どんな現実が待っているのか、一度考えてみることをお勧めします。

思考の現実化には時差がありますが、その言い訳と罪悪感がたまった頃、本当に家族を付きっきりで面倒みないといけないことが現実化するかもしれません。

軽い言い訳だったつもりが、大切な家族を身体の弱い人たちにしていることに気づきましょう。あなたの世界は、あなたの思考の完全投影です。私たちは、自分自身の思考で誰かを弱くしていないかに気をつけることで、少しでも長く自分や家族の健康を現実化できるのです。

4-3 記憶はつくられている

3－3でご紹介した和泉さんは、かつて自分が体験した家庭内の暴力シーンを、涙なしには語れなかったことでしょう。しかし、私に幼少期に体験したという暴力シーンを話してくれたときは、笑いながら「ひどいですよね～！」と言っていらっしゃいました。

この「ひどい」とは、当時の家族の暴力ではなく、自分の勘違いがひどすぎるという意味でした。和泉さんが、過去の体験をひどいことだったと笑えるのは、自らの記憶が自分のつくり上げた妄想だったとわかったからです。

フラクタル心理学で心を癒すと、過去の悲しい思い出が実は茶番だったとわかって、笑いが止まらなくなるというのは、よくみんなの体験するところです。

このように、記憶にはカラクリがあります。**「記憶はつくられている」**のです。

あなたは、昨日の夕食に何を召し上がりましたか？　私は大阪に出張に行っていたので、新大阪駅でねぎ焼きとたこ焼き、それから551のちまきを買って、お土産兼夕食として家族と食べました。あなたも昨日の夕食なら難なく思い出せることでしょう。では、

1週間前の夕食は？　と聞かれたら？　正直、私は思い出せません。ちょうど1ヶ月前は？　なんて聞かれたら、即答で「わからない！」と言う自信があります。

ところが、子どもの1歳の誕生日に手づくりしたケーキのことや、何年も前に仲よし4人組で神戸旅行をした際に、油でベタベタなお店で笑いながら食べた中華のことはしっかりと記憶にあるのです。

このように、記憶は新しいものを覚えているかというと、そうではなく、印象深い順に覚えているものなのです。ということは、記憶とは日常的なものよりも、特別なものを特記していることになります。

しかし、私たちがこの特別な出来事だから覚えていることを、「親はいつも私を叩いた」と、日常的にあったことだと記憶しているのはなぜでしょう。ここに、フラクタル心理学が、ハッキリと記憶はつくられていると言い切る理由があります。

その鍵は、脳内の再生回数です。

記憶がつくられることによる被害者をご紹介しましょう。「巨人の星」というアニメをごぞんじでしょうか？　主人公 星飛雄馬の父 星一徹こそ、記憶の誤解を受けている被害者なのです。星一徹は、かつて巨人軍のプロ野球選手でした。息子をプロ野球の選手にしようと、父は息子にとんでもない英才教育を施します。

記憶はねつ造される

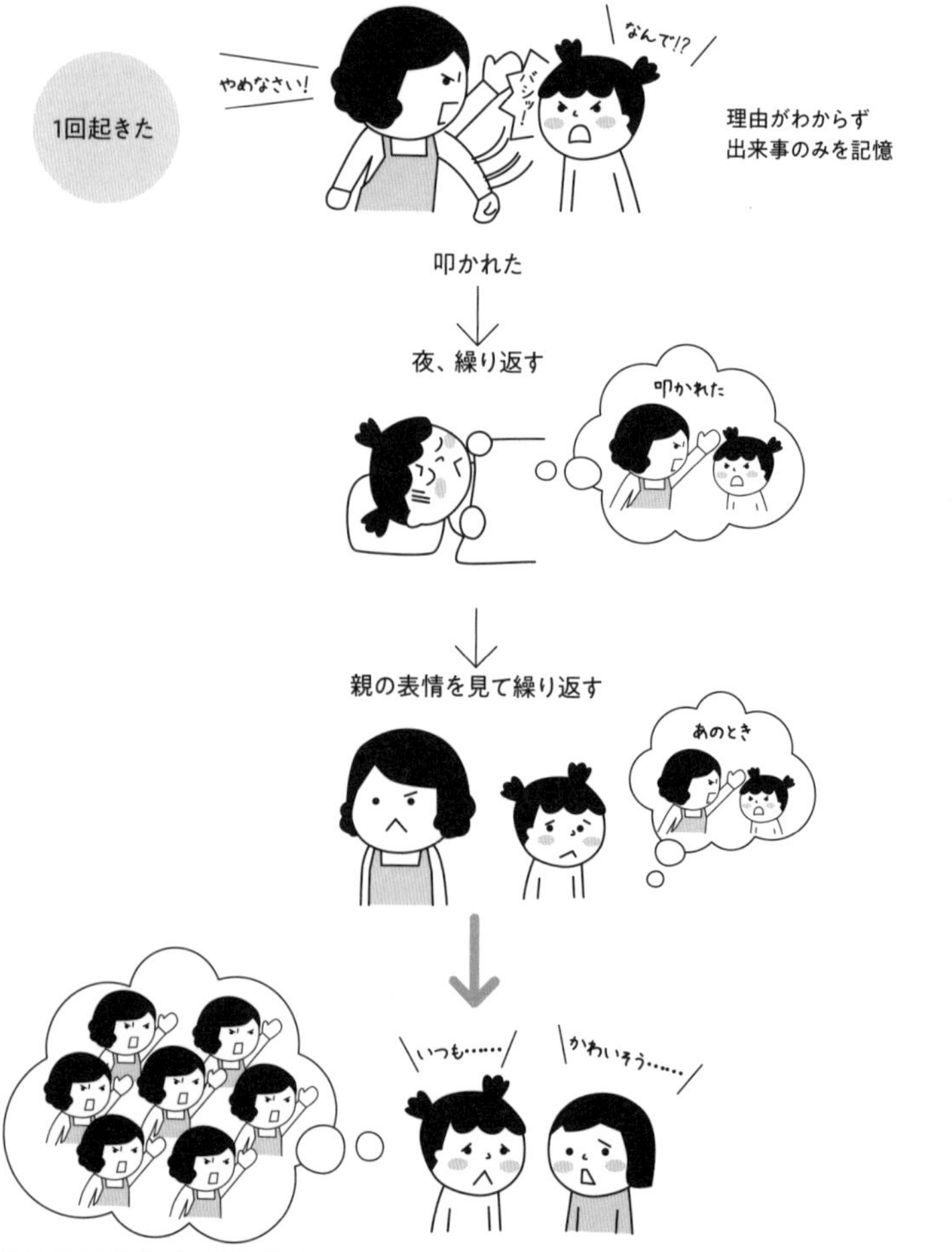

記憶は脳内再生回数で、事実と空想が混同される

父、一徹の有名なシーンは、温かい夕食ののったちゃぶ台を、ガッシャーン！　とひっくり返す場面です。このシーンはアニメを観ていない世代にも、頑固者が気に入らないことがあるときにやるイメージとして定着しているのではないでしょうか。アニメ世代の人は、星一徹はいつもちゃぶ台をひっくり返していると記憶しています。

ところが、事実は違いました。アニメの中で星一徹がちゃぶ台をひっくり返した回数は、たったの2回でした。

では、なぜアニメ世代の人たちは、星一徹は年中ちゃぶ台をひっくり返していたと記憶しているのでしょう。このひっくり返しのシーンはアニメのエンディングに採用され、毎週繰り返し、その部分だけ流されていたからだったのです。

これは、自分の記憶でも同じことが言えます。一度、親に手を挙げられた人は、その理由よりも、その出来事を記憶します。そして特別な体験だったからこそ、脳内で繰り返し再生するのです。そのときに、ひどい！　つらい！　という感情も合わせて再生しますから、いつもあったことのように記憶されてしまいます。

こうして記憶はつくられるのです。フラクタル心理学には「誘導瞑想」という、記憶の中から事実を探す手法があり、そのことから記憶がつくられていることを証明することができました。

フラクタル心理カウンセリングの心理セラピーでは、自分のまわりの人に愛があったことが深く沁み込み、涙があふれて止まらないというケースが多数あります。それは、このような記憶のカラクリに気づいてはじめて起こるものです。

私たちは、当時の不満だらけの自分には見えなかったそこに愛が感じられた時、やっと自分の囚われから解放されるのです。

それはまるで、悲劇のヒロインが実は策略家だったとわかり、その化けの皮がはがれ、自作自演の喜劇に変わっていくような面白さ。「なんだ！　そうだったの⁉」と、腹の底から大笑いするような爽快感があります。

本書への推薦のことばをいただいた関西学院大学の加藤雄士教授は、フラクタル心理学の経営者向けの講座「リーダーシップコース」で、自分を含めて受講者の過去の体験の意味が、どんどんいい方向へ変化していくことに驚いたそうです。

加藤教授は、これでは、今まで持っていた記憶が変わってしまうと不安を感じ、「記憶はこんなに簡単に変わってしまっていいのだろうか」と男性講師に質問しました。記憶が変わってしまうと、自分のアイデンティティーも変わってしまうからです。すると男性講師は、「それでいいのですよ。そもそも記憶はつくられているので」と、笑顔でハッキリ言ったそうです。

これは、記憶はつくられているものだからこそ、アイデンティティーさえもつくり変えることができるという、まったく新しい概念であり、未来への希望であると言えます。

同窓会や親族が集まる場での昔話において、当時同じ場にいたはずなのに、人によって言うことがまるで違うという現象も、記憶が取捨選択されてつくられているからこそ、起こることなのです。

あなたが今、**何かできないことを古い体験のせいにしているのならば、その体験の記憶は、現在のできない理由として保持していたい**ことなのだということに気づきましょう。

記憶は、あなたの意図によってつくられているので、新しい意図をもってつくり変えることが可能なのです。そして、あなたのアイデンティティーそのものを、よりよいものに変えることも可能なのです。

4-4 真逆のゴールへ向かう究極の回避

3－4の藤田さんは、もともと家族で会社を経営し、協力し合い盛り立てていける関係にあったものが、お父さんの借金の発覚で、ひとりで頑張ることとなってしまいました。ここに、藤田さんの信じ込みがあります。

藤田さんが中学生のときに、自分の行ないが悪いことを棚に上げて、父親に味方をしてほしかったけれど、味方をしてもらえなかった、という出来事がありました。そのとき、自分は「助けてもらえなかった、見捨てられた」と感じたのでしょう。このような思いは悔しい感情とともに深く心に刻まれます。これを「信じ込み」と言います。

そして、その次には、「いいよ、もう。お父さんは頼りにならない！　自分ひとりで生きてやる！」と思ったのでしょう。これは、その後の人生を左右する生き方への考えになります。これを、「決めたこと」と言います。

最初の「お父さんは頼りにならない」は、本当は間違った認識だったのかもしれません。しかし、そのような「信じ込み」をずっと保持していると、そのうちに本当のこととして現象化します。そして、人は頼りにならないという現象を体験し続けることになるのです。

実際に藤田さんの「父親は頼りにならない」という思いが現実化して、父の借金のせいで店が傾き、妹も「家族は頼りにならない」という思いから、店から出ていくのです。スタッフはスタッフで、「この店は頼りにならない」という思いで辞めていきます。妹やスタッフの思いは、藤田さんの思いが投影されているのです。

この出来事は、藤田さんを強くしてくれたかもしれません。しかし、このようなたいへんなことをひとりで背負ってまで、なぜ強くなる必要があったのでしょうか。

それは、彼女がもともと依存的な性格だったからです。ひとりでがむしゃらに頑張るような人は、一見最初から強い人のように思えますが、その前の姿は、人に強烈な期待をしている依存的な人なのです。

やってくれて当たり前という気持ちが強い人ほど、期待値が大きいので、思い通りにならないときには大きく失望し、「だったら、ひとりで生きてやる!」と奮起するのです。欠乏感や失望感の大きさは、相手の態度の問題ではなく、自分の期待値や欲望の大きさで決まるのです。

これは、妹さんも相似形で、お姉さんが大好きでいつも頼りにしていたからこそ、ちょっと置いていかれただけでいじめられたと感じ、姉とは距離を置いて頑張ろうと自立

究極の回避

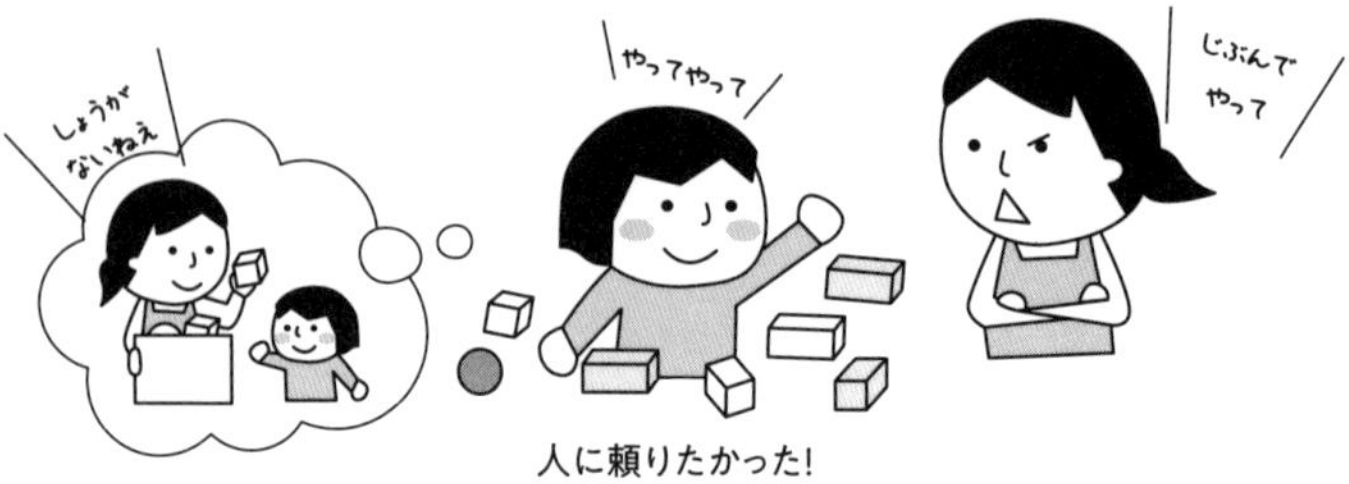

人に頼りたかった!

↓

信じ込みの発生

依存が強いほど
ショックが大きい

↓

二度と人に頼るものか!

真逆のゴールへ

したのでした。

このように、現在していることと、もともと望んでいたことが、真逆になってしまうことがよくあります。これをフラクタル心理学では、「究極の回避」と呼びます。つまり、「人に頼りたかった」というスタートが、まわりまわって最後には、「二度と人に頼るものか！」となってしまうことを言います。

これは1章でお話しした、私の事例にも見られます。自分を表現できなくなっていたイエスマンの私は、元々「自分は正しい！」と言い張るチャイルドの私の「究極の回避」の結果です。

実は藤田さんは、最初にスタッフが店を離れたとき、そのスタッフたちは「依存的、反抗的」だと感じていたので、辞めてよかったとひそかに感じていました。つまり、スタッフが藤田さんにしたことは、かつて父親に対して依存的だった藤田さんとそっくりだったのです。

また、妹さんも相似形で、過去の藤田さんが父親に見切りをつけたように、「もう奈美さんとは一緒にできません」と、同じように藤田さんに見切りをつけました。その結果、藤田さんは、「ひとりで生きてやる」と決めた通りになりました。こうして、「究極の回避」の法則通りに、最初とは真逆のことを、最後にはやることになったのです。

私たちは、家族以外と関わりの少ない6歳までの時期に、さまざまな「信じ込み」と「決めたこと」をつくり出します。「信じ込み」は現象の種なのです。

あなたが今、「どうして、いつまでもこうなるんだ」という現実を体験中ならば、何かをそうだと信じ込み、次にどうするかを決め、それがまわりまわって、本来一番避けたいことをやるはめになったために、つらいことが生じているのかもしれません。

この信じ込みが深ければ深いほど、周囲の人に投影されます。すると、表層意識は「これは、みんなもそう感じているんだ」と思うので問題だとは思わず、さらに深い信じ込みとなってしまいます。藤田さんのケースで言うと、「どこの美容院もスタッフ問題を抱えているものでしょう?」というようなものです。

「みんなもそうだ」と思っていることは、「自分だけでそう思っている」という信じ込みよりも長い間抱えている証拠であり、深層意識にある一番古い思考パターンのひとつなのです。でも、それも変えられる、ということです。

あまりにも同じようなことが起きるときや、環境や相手が変わっても似たような人が現われるときは、深層意識にある「信じ込み」がその現実をつくっています。これは、無限ループでも、罠でもカルマでもなく、すべてあなたの思考から始まっているのです。

4-5 ヒエラルキーを守る大切さ

3－5の井上さんの問題解決の鍵は、「ヒエラルキーを守る」です。

井上さんは、幼少期の自分自身を振り返り、「内弁慶で、家の中ではジャイアンのような子どもでした」と語りました。ジャイアンのようだったというのは、井上さんは家のものをすべて自分のものだと思っていたからだそうです。その様子は、三輪車のシーンからもよく伝わってきます。このように、親よりも自分が上だと思っていると、大人になってからたいへんな苦労をします。それは、未熟な者が上だという思考を持っているからです。

親との関係は、社会に出ると上司との関係となります。上司とうまくいかない人は、自分の親との関係を見つめ直すことが重要です。もし、あなたが傲慢さや依存心が強い子どもだった場合は、上司との関係がうまくいかない現実をつくっていることでしょう。

また、井上さんのように、「言うことを聞いたら負けだ」と感じるのは、第一子に多い思考パターンです。このように傲慢に育った背景を考えてみましょう。まだ子育ての経験のない親がおそるおそる育てている姿があります。また初孫なので何でも可愛がる祖父母の姿もあるかもしれません。そのため、まるで自分を若様のように思い、下々（親）が言うことを聞くまで頑固な子どものどうしようもない姿が想像されます。このことから、自分が一番偉いと勘違いしてしまったのです。

そもそも、「言うことを聞く、聞かない」は勝ち負けではないのですが、子どもの脳にはここがわかりません。親は、聞き分けがない子だからこそ、躾として「言うことを聞きなさい！」と叱るのですが、勝ち負けで聞いている子どもには、言われていることの意味はおろか、言うことを聞く価値さえもわかりません。

きっと、井上さんは子どもの頃にこう思っていたことでしょう。「うるさいなぁ、そんなもんできるか！」と。実は、3－5の文中に同じ言葉があります。それはこのようなものです。

上司に大声で叱られながら、心の中では「うるさいなぁ、そんなもんできるか！」と思っていました。

井上さんは、親にも上司にも同じことを思っています。まさに、親と上司が相似形だということを証明する内容です。そして、次にこの言葉を言われる役がまわってきます。それが、あの叔父の怒りの言葉です。

お客様の希望を叔父に伝えると、「そんなのできるか！」と一喝される。

思考の現実化には仕組みがあることをお伝えしてきましたが、このように**自分がつくった配役は、すべて自分が体験することになっている**ことも、思考が現実化する上での絶対的なルールなのです。まず、他人がそれをやったとしても、思考したのは自分ですから、巡り巡って自分が体験することになるのです。

これが、フラクタル心理学が、「この世には自分ひとりしかいない」というゆえんです。この体験の輪がすばらしい体験ならいいのですが、負の連鎖のごとく感じられるのであれば、思考の修正を行なわなければなりません。井上さんのケースでの思考の修正のポイントは、「ヒエラルキーを守ること」です。

ヒエラルキーとは、ピラミッド型の組織構造のことを意味します。フラクタル心理学では、幼少期にこのヒエラルキーを守ったかどうかを重要なポイントとしています。家庭内でヒエラルキーを守っている状態とは、責任の重い順番に尊重されている状態です。家族の生活に対して責任を持っていたり、お金を稼いで養っている人がピラミッドの頂点です。ヒエラルキーが崩壊した状態とは、責任を持たない人が頂点に居座っている状態です。

ヒエラルキーが逆転している状態

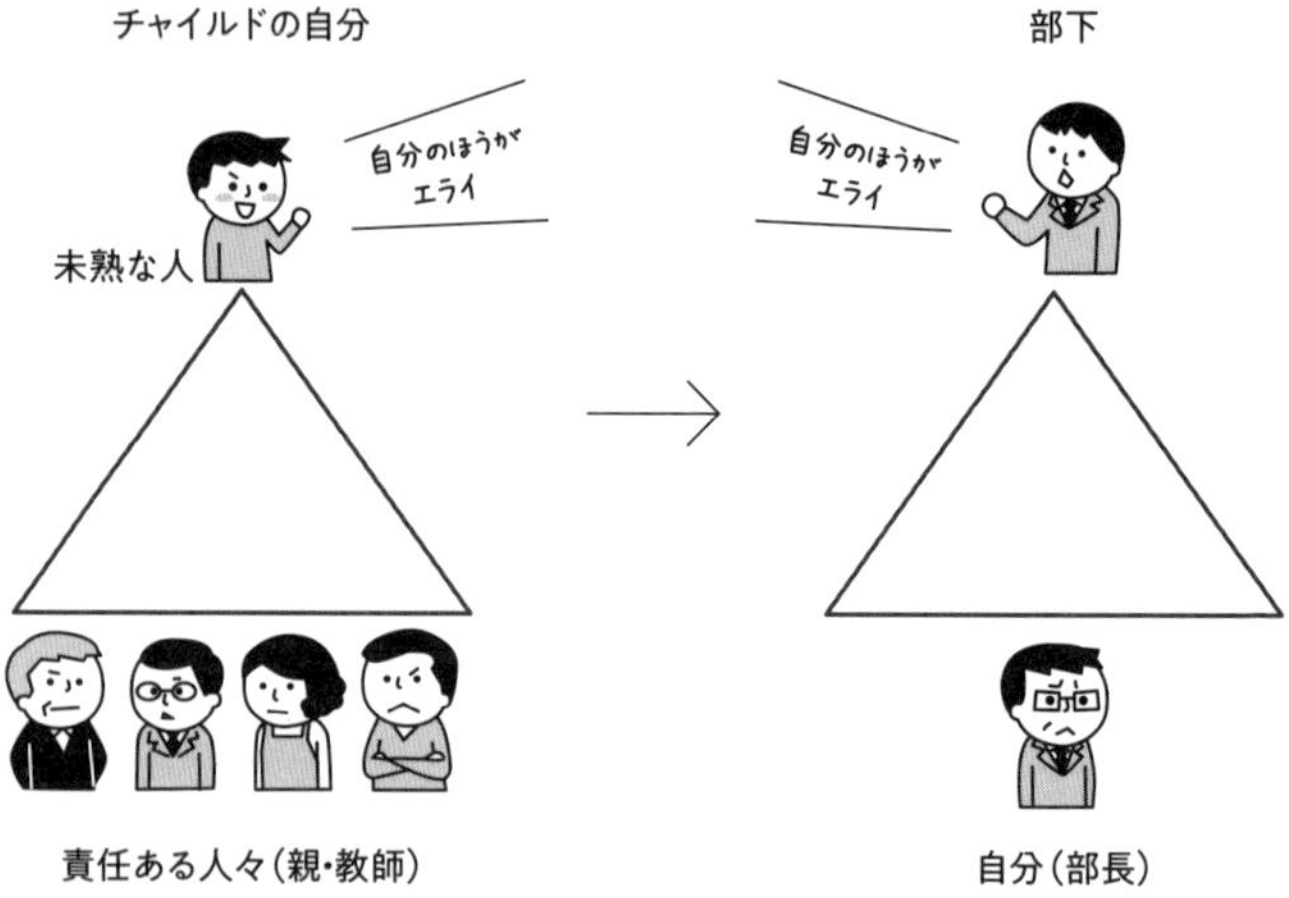

井上さんの奥様のパニック障害も、このヒエラルキーが間違っていたからでした。人によって、パニック障害の症状は出方が違うものですが、基本的な原因は、インナーチャイルドが「思い通りにならなきゃ嫌だ」と訴えているのです。

思い通りにならない状態になると、まわりに対して怒りが爆発します。それでもまだ思い通りにならないと、その怒りが返ってきて、自分への恐怖になってパニックになっているのです。そして、パニック障害者になれば、まわりに自分の言うことを聞いてもらえるというメリットがあるので、その症状を手放すことができません。

「自分が一番」というのは、未熟な傲慢さによるもので、この傲慢さを小さくすればヒエラルキーを素直に守ることができ、この症状から抜け出せるのです。この状況は、私自身もカウンセリングで何度も見てきました。井上さんの奥様は、子どもの頃、父親よりも自分が上だと勘違いをしたのでしょう。結婚すると、夫が父親に替わり、自動的に夫より自分が上だと思い込み、夫はいつも私を気遣うべきと見下した結果、「私のことを何も考えてくれてない！」という不満を持ったのです。

この事例も、夫の井上さんから見ると、自分の子どもの頃の「親よりも自分が上。言うことを聞いたら負け」を、奥様に投影した姿なのです。

社会でのヒエラルキーには、さまざまな異なる基準があります。責任を取っている順、稼いでいる順、生まれた順（経験の多い順）、能力順など、その場に合ったヒエラルキーを守ることが重要です。これを守らず会社でヒエラルキーを壊すと、会社はたちまち経営危機となり崩壊することでしょう。

このようにお伝えすると、「いや、うちの社長は二代目でお飾りだから」とか、「うちの部長は誰が見ても無能」などと考えてしまう人もいるかもしれません。しかし、これこそが、ヒエラルキーが崩れたために生じた結果です。ご自身のインナーチャイルドに、「お父さんがいちばん偉い！」と教えてあげるべきです。上司に優秀でいてもらいたいなら、子どもが大人の中でトップになれるという勘違いは外しましょう。

4-6 人に言いたいことは自分に言いたいこと

家族の中でも、とくにわが子は、自分の深層意識の顕著な投影です。3－7の山谷先生は、自分の吃音の問題が、息子さんのひきこもりの問題と同じだと気づきました。ひきこもりと吃音。一見無関係なふたつの問題が、実はどちらも「表に出て責任を取りたくない」ということを意味し、フラクタルな現象だったのです（空間的フラクタル）。

このように、私たちが「フラクタル」という現象をなかなか見抜けないのは、それぞれが表面上の姿を変えているからです。

また、3－6の渥美さんのケースもおもしろい事例です。北朝鮮とアメリカ。そして、自分と大手コンサル会社。この二組のそれぞれが、フラクタルになっているのです。しかし、まさか自分が北朝鮮で、大手コンサルがアメリカと相似形などとは、誰も考えつかないでしょう。

フラクタル関係の問題同士は見抜きにくいものですが、「法」のところでも述べたように、これを見抜くことが人生の手綱を取れるかどうかの鍵なのです。それはどういうことでしょうか。

山谷先生のケースを見てみましょう。フラクタル心理学を知る前には、山谷先生は一般の親と同じく、息子さんのひきこもりに対しては問題と考え、心が弱いとか、もっと勇気を出せなどと思っていらっしゃったでしょう。

しかし、これとフラクタルな問題であるご自分の吃音に対しては、治そうとしても何年も自分の力の及ばない問題と感じていたのです。

つまり、同じ種から出ているふたつの問題に対して、一方には「もっと勇気を出せ」と言い、もう一方には「自分ではどうしようもない」と思っているということになります。これでは、直す力とあきらめる力が相殺されて、ふたつとも解決しないのです。

つまり、**フラクタルな現象であることを見抜かなければ、常に力が相殺されて、思うように現実は変わらないということになります。**こうして、人生の手綱は手に入らないのです。

フラクタルは、細かく見ると何重にも重なって存在しています。渥美さんの例は、自分からかなり遠くに投影された空間的フラクタルの一例です。同じ思考の種からの投影には、同じ法を適用する必要があります。しかし、フラクタルがわからないとこれがむずかしいのです。

これらのフラクタルを十分に見抜くには3年くらいの訓練が必要ですが、とりあえず、何とか見つけられる方法があります。これは、問題がある程度大きいほど、うまく見つけられます。

たとえば、山谷先生が息子さんに言いたかった言葉は、おそらく次のようなものではないでしょうか。

「外の世界は怖くないよ。大丈夫だから、勇気を出して出ておいで」

これはそのまま、山谷先生ご自身にも言えることだったのです。

自分の何について言っているのかがわからなくても、とりあえずこれを毎晩寝る前に30〜100回くらい繰り返して**自分に言う**と、1ヶ月もするときっと、この言葉が自分の吃音に対しての言葉であることに気づくでしょう。

そのとき、ふたつの別の問題に見えていたものが、ひとつだとわかります。そして、それに気づいたら、吃音を直すためにさらに言い続けると、効果を発揮します。

この方法の問題点は、理由がわからないまま最初の1ヶ月間続けられるか、という点だ

空間的フラクタルの応用

けです。

私たちは、他者のこととなると雄弁です。「もっと、こうしたらいいのに！」「ああすべき」など、その関係が身近であればあるほど、言いたいことはたくさん浮かぶでしょう。ですから、自分の問題には何も言えなくても、フラクタルな問題を持っている他人には言えるのです。

そこで、フラクタル関係がわからないとしても、とりあえず、人に言いたいことを自分自身に言ってみることで、自然とフラクタル関係の問題が見つかり、解決につながることがあるのです。

念のために繰り返しますが、**相手に言いたい言葉は、自分に言う**のです。その言葉を相手に向けていっては根本的な変化は起こりません。これは、鏡に向かって言っているようなものです。

そして、ただ自分に言うのではなく、幼児期のイメージを使うことで、さらにうまく修正できるのです。それは、5章でお話ししましょう。

5章

自分でできる
フラクタル心理
カウンセリング
30問

5-1 自分のインナーチャイルドを見つける30の質問

ここまでお読みいただいた読者の皆様は、いったい自分が深層意識の中で何を考えているのかを知りたくなってきたのではないでしょうか。

インナーチャイルドを知るには、コツがあります。5章ではそれをお教えしたいと思います。では、これから30の質問に答えていただきます。

この質問は、心の中のネガティブなものを探り出すためのものですから、理想的な答えや、表面的な答えは必要ありません。会社にいるとき、学校にいるときなどは、心が前向きになっているために、主に大人の脳が使われているので、理想的なことを答えがちです。どちらかというと、何か気に入らないことがあったときなど、心が少し落ち込んでいるときに答えてみましょう。そういうときは、あなたのインナーチャイルドが反応しているので、30の質問に答えやすくなります。

各項目の最後に、修正ポイントを書きました。自分がひっかかったことにはとくに留意してください。それをもとに、後で①②③を利用して修正文をつくりましょう。

第1問

空想が好きですか？

まずは基本的なことですが、思考は現実化します。空想というのは、表層意識の自分が選んでいる積極的な思考なのです。ですから、空想には注意しなければなりません。

3－1のフラクタル心理カウンセラー、牧野内先生の事例を思い出してください。子どもの頃、彼女はこんなことを思っていました。

「お母さんはもう帰ってこないのかも。私は、これから一生あなたとふたりで暮らさないといけないの」

そして、それが何年も経って現実化したのです。

あなたは普段、どんなことを空想していますか？　たとえば、「もし、ここで誰かに襲われたら」と考えて、被害者になった自分を空想することはありませんか。あるいは、災害が起きたとき、ヒーローのように人を助ける空想をしていませんか？　これらの思考は、消えてなくなっているわけではなく、深層意識に蓄積されているのです。ですから、注意しましょう。

1
□
ネガティブな空想をしていることがある
≪
2
チャイルドの本音
たいへんなことが起きるとワクワクする
≪
3
起こりうること
とてもつらい体験が起きたり、痛い思いをすることになる

第2問

あなたが憧れる人は何をしましたか?

この質問は、あなたの隠された願望を読み取るものです。牧野内先生は、誰にも言わずに子どもを産んだ女流作家に憧れていた、と言っていました。つまり、私たちは人の生き方のストーリーに自分の憧れを見出し、「すばらしい生き方だ」と思うために、その思考が積み上がり、いつの間にか自分も同じような体験をするのです。

自分の体験の大きさは、どれだけそのことを思ったかによって違ってきます。ですから、30代で思ったことよりも、10代から思っていたことのほうが思考の量は多くなりますので、その思考がネガティブなことだとしたら、注意しなければなりません。

誰にも言わずに子どもを産んだということを空想しているときには、そこに何の苦労もいらないのですが、実際に体験すると苦労ばかりです。ですから、あなたの憧れの話も、よく考えると、実際に体験するとかなり苦労するのではないか、ということをチェックしながら答えましょう。

❶
自分が憧れている話はネガティブである
❷
チャイルドの本音
人知れず苦労する人生はかっこいい
❸
起こりうること
つらい苦労ばかりして、誰からも称賛されない

第3問

試練は人を強くする、と信じていますか？

牧野内先生は、波乱万丈な人生が大好きで、逆境は人を強くする、と思っていました。そして、自分でどんどん困難なことをつくっていったのです。あなたも、そのような傾向はありませんか？

もし、あなたがたくさんの従業員を抱えて変化する経済状況を乗り越えようとしていたり、すばらしい製品をつくろうとして誰よりも頑張っているならば、その逆境は正しいもので、それを越えたなら、多くの実りをもたらすことでしょう。

それに対して、牧野内先生の状態は異なるものです。これは自分と家族が、普通に生きているときに生じている逆境です。

前者は、大船で大海を渡っていくときに、大波に揺れるようなものですが、後者は、小舟が岸につながれたまま、大波で揺れているようなものです。つまり、前者の真似なのです。「見て見て。私だってこんなに揺れている。私はこんなに頑張っているのよ」という社会へのアピールのためにつくった状況と言えるでしょう。

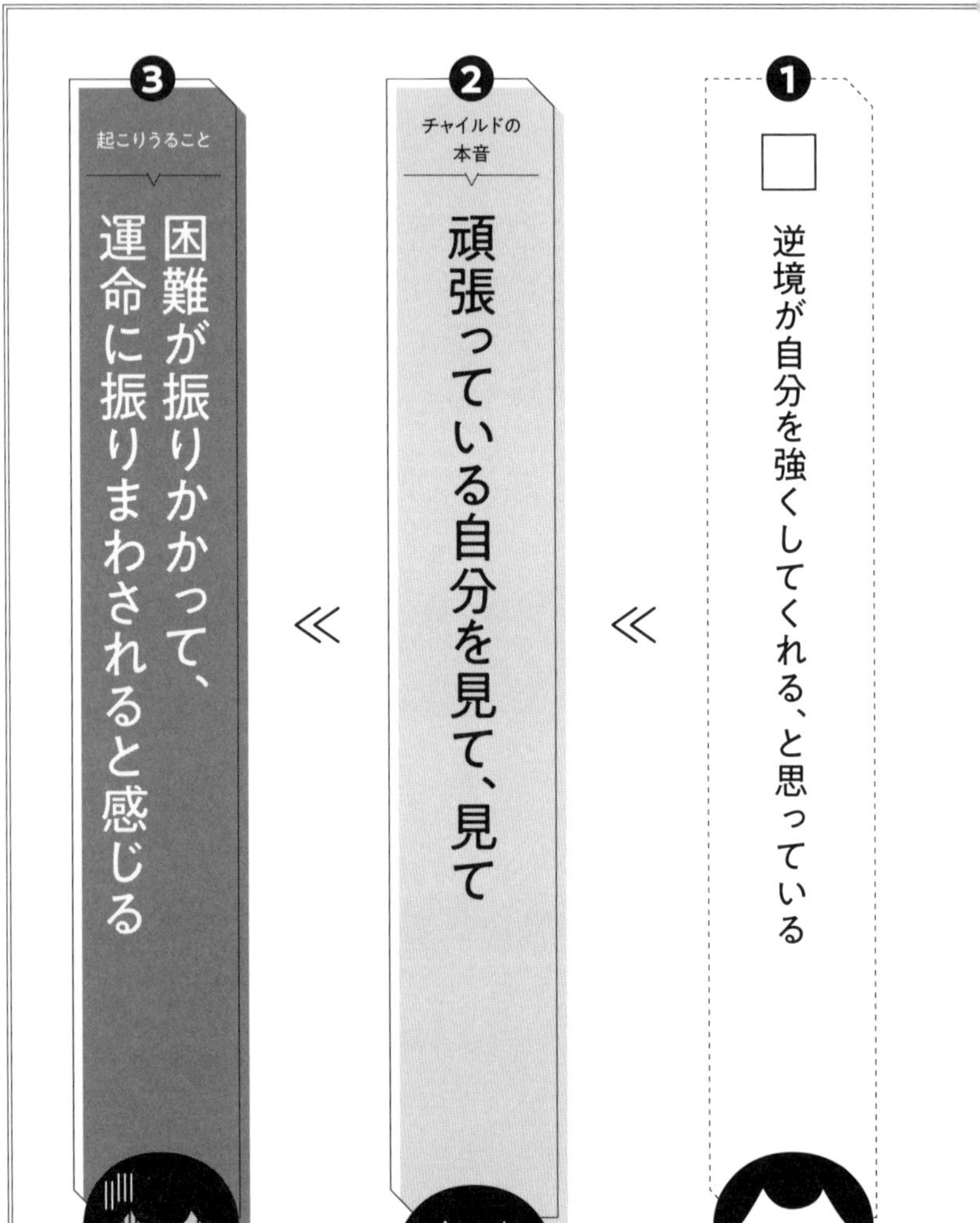
1
逆境が自分を強くしてくれる、と思っている
2
チャイルドの本音
頑張っている自分を見て、見て
3
起こりうること
困難が振りかかって、運命に振りまわされると感じる

第4問

親の考えに反発していませんでしたか？

あなたはもしかすると、自分が正しいということを証明するために、意地を張って何か問題をつくっているのかもしれません。たとえば牧野内先生の例では、次のようなことを考えていたようです。

私はそんな母に反発して、「何でその人を見ないで、外側で判断するの。人は中身よ！」と、いつも思っていました。

このように、親の考えに対する当てつけで、自分の進む道を決めてしまうということがときどきあるのです。他の例では、「よい大学に行けば、よい就職ができる」という親の言葉に反発して、わざとよい就職先を蹴ってしてしまう人もいます。また、親を否定することと母国を否定することは相似形なので、わざわざ遠い国に行って、親の望まない結婚をするというのも、親への反発から来ていることがあります。

本当の望みを取り戻すために、子どもの頃の親への反発を思い出してみましょう。

❶
□
親の考えに反発していた
≪
❷
チャイルドの本音
私のほうが絶対正しい
≪
❸
起こりうること
本当に正しいこと、したいことがわからなくなる

第5問

親の言いつけを守っていましたか？

あなたのまわりに、ルールやマナーを守らない人はいませんか？　そういうときは腹が立つことでしょう。3－2の柔道整復師、島田さんもそうでした。その原因は、島田さんが親の言いつけを守らなかったことから来ていました。ルールを守らない自分の態度を、ときには「やんちゃ、おてんば」と正当化していたりします。

親の言いつけを守らないと、大人になってから、次のようなことが生じます。

1. ルールやマナーを守らない人によく出会って腹が立つ
2. 部下のルール破りやマナー違反に指導できなくてイライラする
（自分が注意すると、相手が怒るのではないかと思うから）
3. 客や上司に、ルール上できないことや無理難題を言われる
4. 子どもが、言うことを聞かない

このように、自分が親の言うことを聞かなかったという過去によって、現在、あちこちで腹立たしいことが起きているのです。

❶

□ ルールを守らない人にイライラする

≪

❷

チャイルドの本音

やんちゃ、おてんばはいいことだ

≪

❸

起こりうること

わがままな人や無理難題を言う人に迷惑をかけられる

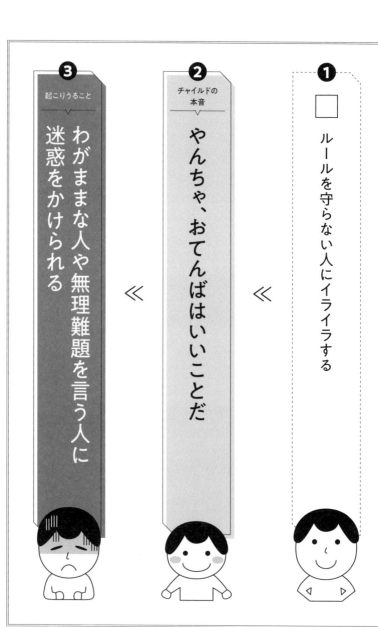

第6問

親を責めていませんでしたか?

島田さんの休みの日の頭痛は、子どもの頃に父親を責めていたことが原因となっていました。

これは、大変よくあるケースなのです。「いつも仕事で家にいなかった」「私の話を聞いてくれなかった」「いつも、下の子の世話を押し付けられた」などで親を責めていると、あなたが親の立場になったときに、自分も責められると勝手に想像して、先手を打とうとして強い口調になったり、それができなくてイライラしたりします。

これは、自分の子どもに対してだけでなく、夫や妻にもしているかもしれないし、自分に部下ができると、職場でもしているかもしれません。

これが、人間関係を悪くする原因となります。そのうちに、頭痛などの身体の不調になって現われることはよくあることなのです。こういう人は、頭の中に自分を責める声があるので、それを言語化してみましょう。

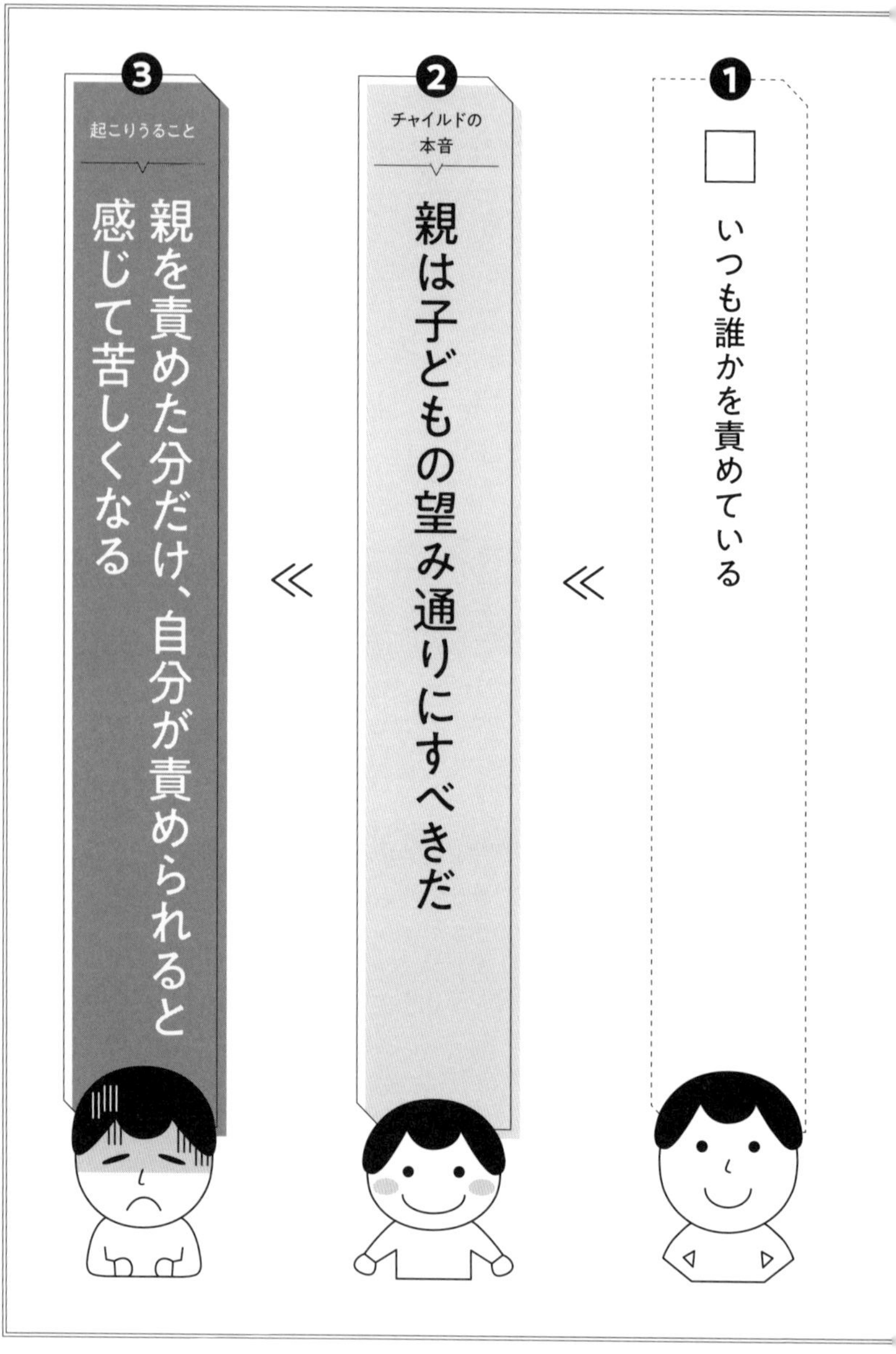

❶
□
いつも誰かを責めている
≪
❷
チャイルドの本音
親は子どもの望み通りにすべきだ
≪
❸
起こりうること
親を責めた分だけ、自分が責められると感じて苦しくなる

第7問

言い訳に体調不良を使っていませんか？

島田さんの頭痛には、もうひとつ理由があります。いったん頭痛が出ると、それが休日を休む言い訳に使われるので、頭痛が手放せないのです。

私自身も、家事をやりたくない理由に、「手荒れがひどい」を使っていました。だから、手荒れが手放せなくて、治らなかったのです。

あなたも、自分が何かの言い訳をするときに体調不良を使っていないか、を考えてみましょう。思考は、量がたまってから現実化するので、子どもの頃に使った言い訳が、現在、現実化しているということがあります。

たとえば、「もう疲れたよ。おんぶして」と言ったときに、お母さんがおんぶしてくれなかったとしましょう。すると、「だって、足が痛くて歩けないんだもん！」とおおげさに言ったかもしれません。本当はただ足が疲れただけだったのに、痛いことにしてしまいました。この言い訳は深層意識で続いていますから、思考がたまったころに現実化します。

ですから、しっかりとやめなくてはいけません。

❶

□

体の具合が悪いから、〇〇できないと言い訳を言ったことがある

≪

❷

チャイルドの本音

具合が悪いときは見逃してくれて当たり前

≪

❸

起こりうること

言い訳が現実化して、体調が悪くなり、したいことができなくなる

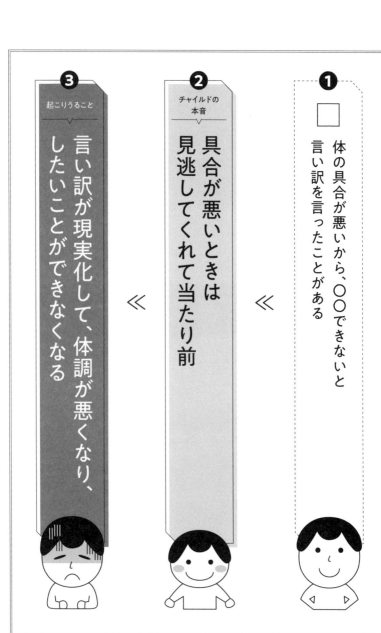

第8問

愚痴を言う人がまわりにいませんか？

島田さんは、次のように言っています。

私たちに愚痴が多いときは、愚痴が多いお客様が多かったのですが、今では前向きな方が多くいらっしゃるのです。

つまり、自分の本当の姿はまわりを見ればわかるのです。まわりは、自分の深層意識の投影だからです。

たとえば、お姑さんがいつも愚痴ばかり言う、という人がいたとします。自分は愚痴は言わない、と思っているのかもしれません。しかし、もしお姑さんが愚痴を言わなければ、きっと自分が愚痴を言い始めるでしょう。このように、まわりに欠点を見せてくれる人がいる限りは、自分はそれを嫌だと思って、その癖がないふりをします。そのため、「自分は愚痴を言わないのに、姑は愚痴を言う」と感じるのです。

「まわりに嫉妬深い人が多い」「まわりにずるい人が多い」ということもあるかもしれませんね。それもやはり、自分の隠された性質を投影しています。

❶

□

まわりに愚痴を言う人がいる

≪

❷ チャイルドの本音

私だって愚痴を言いたい

≪

❸ 起こりうること

人の愚痴を聞かされて嫌な思いになる

第9問

親に謝罪を求めていませんか？

3－3の和泉さんの事例は、親に虐待された事例です。これは、一般的な心理学のケースとしてはとてもよくあるものです。このようなとき、本人は「親に謝ってほしい」と言い、実際に親が謝るかもしれません。しかし、実はいくら謝ってもらってもすっきりしないのです。そして、「もういいよ！　心がこもっていない！」と捨て台詞を言って、親から離れるのが常です。

謝ってほしいと言いながら、なぜすっきりしないのでしょうか。

和泉さんの事例からわかるように、実は、親に虐待されたことにしないと、自分の悪行がごまかせないからなのです。ですから、いつまでも親を悪者にしているほうが、自分の心が休まります。恨むのに疲れてくると、最後には「もう親のことは許した」となります。

つまり、「親に謝ってほしい！」「もう親のことは許した」と言い続ける人は、実は自分がごまかしていたい何かがある、ということなのです。

❶

□

親に謝ってほしいと思っている

≪

❷

チャイルドの本音

本当は自分が悪いなんて思いたくない

≪

❸

起こりうること

いつもまわりに悪者がいて、幸せになれない

第10問

突然の発作でまわりを大混乱させたことはありませんか？

和泉さんは他の受講生が静かに昼食をとる中、自分だけおしゃべりして完食しました。この意味は、他の受講生は講座を台なしにされてしらけており、本人だけは自分がヒロインになれてうれしかったので、おしゃべりをして完食したというわけです。

それを講師に見抜かれてしまいました。過呼吸、パニック障害、喘息などの発作の症状を持つ人は、自分が主役になれない、チヤホヤされない、相手にしてもらえない場では密かに腹を立てており、居心地の悪さを感じていると考えてください。

病気の発作だけでなく、突然何か大失敗をするというのも同じやり方です。こういう失敗の体験が、一度ならず二度、三度ある人は、「自分は、場の中心になれないことにいら立っていたのではないか」と疑ってみましょう。

これは、子どもの頃に発しているので、大人の今ではほとんど認識できない心理ですが、修正してみると、逆に心理がよくわかるようになるのです。このような症状は、自分が一番困ることですから、早く修正することをお勧めします。

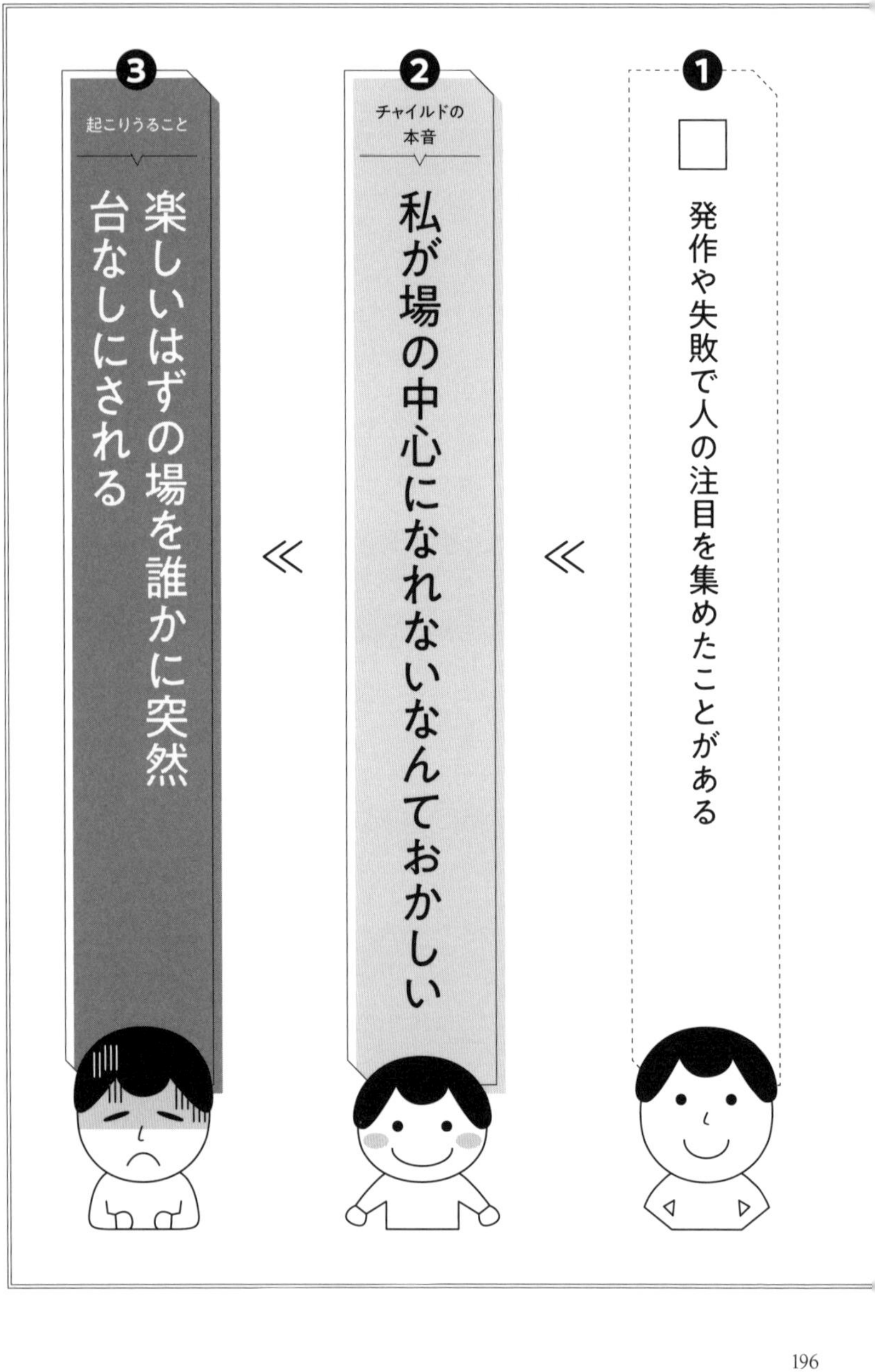
1
□
発作や失敗で人の注目を集めたことがある
2
チャイルドの本音
私が場の中心になれないなんておかしい
3
起こりうること
楽しいはずの場を誰かに突然台なしにされる

第11問

自分で自分を傷つけたことはありませんか？

和泉さんの息子さんは、自分自身を噛むという癖がありました。和泉さんのリストカットと相似形です。これはどういう心理でしょうか。実は、和泉さん自身がその答えを言っています。夫についての性格描写です。

「嫉妬心や束縛心が強く、感情の起伏が激しい攻撃的な夫」

実は、これは和泉さんと息子さんにも共通した性格なのです。ですから、和泉さんから見ると、夫は自分のインナーチャイルドの投影ということになります。

この性格は過呼吸にも通じていますが、過呼吸と少し違う点は、リストカットや噛み癖は、自分で意識的に自分を傷つけています。これは、心の中に攻撃性があることを教えています。実は、リストカットするタイプの人は、嫉妬深くて攻撃的なチャイルドがいるのです。攻撃を相手に向けられなくなると（向けるほどの力がなくなると）、自分に向けます。

このチャイルドは危険ですから、早く修正しておきましょう。

❶
□
自分で自分を傷つけたことがある

≪

❷
チャイルドの本音
私が一番に優先されないなら、みんな滅びちゃえ

≪

❸
起こりうること
感情的、攻撃的な人に振りまわされたり、蹂躙《じゅうりん》されたりする

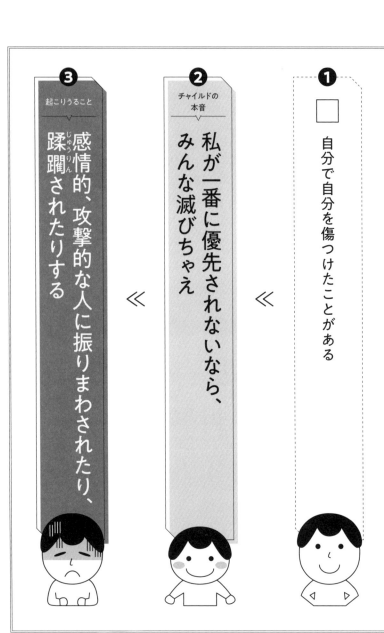

第12問

妹や弟に意地悪をした覚えがありますか？

和泉さんの接着剤事件は衝撃的でしたね。妹さんのおでこはどうなったのかと、他人事ながらハラハラします。こんなときのお母さんの気持ちはどうだったのでしょうか。きっと、泣きたい気持ちだったことでしょう。

あなたがもし上の子ならば、子どもの頃、妹や弟をいじめなかったか思い出してみることをお勧めします。というのは、このような出来事は、かなり大きな報復が未来に来るかららなのです。私の今までのカウンセリングの中でも、幼児の姉が赤ちゃんの妹を突き飛ばしたという事件がいくつかあります。本人は忘れているのですが、深層意識は大泣きしていた妹（弟）をしっかり覚えていて、自分を罰するような出来事が大人になってから生じるのです。こういう人は、学校や会社で、人にいじめられるようなことが起こりやすくなります。無意識であっても自分で蒔いた種は収穫せざるを得ないのです。

とくに、妹や弟に「お姉ちゃん（お兄ちゃん）にいじめられた」と言われている人は、覚えていなくても反省したほうがいいでしょう。

❶
妹や弟をいじめたことがある
（または）いじめにあったことがある
❷
チャイルドの本音
どうせ誰かにいじめられる
❸
起こりうること
学校や職場でいじめやハラスメントにあう

第13問

親が虐待したと思っていませんか？

和泉さんは、親から何度も叩かれた、と記憶していたのですが、実際に数えようとしてみると、どうしても一、二度くらいしか思い出せないのです。これは、多くの人に言えます。

試しに、あなたも実際にあったと思う、親に虐待されたシーンを描写してみましょう。きっと1回程度しか描写できないでしょう。

本当は、その何倍もよいことをしているのに、たった1回や2回の出来事でしつこく「私は虐待された！」と言われ続けたら、誰だって感情的に手をあげたくなるでしょう。

すると、「虐待された！」が現実化するのです。

とはいえ、「それでも、あれだけは許せない！」と思う出来事があるかもしれません。

それは、あなたがそれを手放したくない意図があるのです。自分の何かをごまかすためなのです。和泉さんは、自分の悪行をごまかしていました。あなたが親に虐待されたと言い張るのであれば、何かをごまかしている可能性があります。

❶

□ 許せないことが過去にある

≪

❷

チャイルドの本音

虐待されたと言えば（自分が被害者だと言えば）、自分の性格の悪さを隠せる

≪

❸

起こりうること

夫や子どものDVに悩んだり、理不尽な暴力を受ける

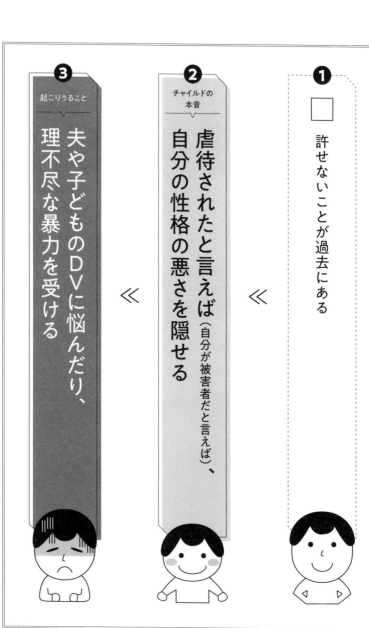

第14問

あなたのまわりに依存的な人はどのくらいいますか？

和泉さんが自分の心を癒し、欠点を認めると、親の愛がわかり、自立的になりました。すると、依存的なスタッフがまわりから消えていきます。これは3－4の事例、美容師の藤田さんにも同じことが起こりました。

つまり、あなたの愛の定義が間違っているかどうかは、あなたのまわりに依存的な人が多いかどうかでわかるのです。愛の定義が、「困っている人に手をさしのべること（依存）」になっていると、家庭にも職場にも依存的な人がたくさんいるでしょう。愛の定義が「愛とは人を成長させること」になっていれば、家庭や職場で怒鳴り声が聞こえているかもしれませんが、それでもみんな、人生に挑戦しながら、いきいきと生きていることでしょう。

ですから、自分のまわりの依存的な人を数えてみましょう。日々出会う人の総計分に対する依存的な人の人数。それがあなたの依存度であり、愛の定義の未熟度となります。1／2以上が依存的であれば、早く修正しましょう。

❶

□ 依存的な人が半数以上である

≪

❷ チャイルドの本音

愛とは自分のために何かをしてくれること、そばにいてくれること

≪

❸ 起こりうること

依存的な人がまわりに増え、自分ひとりで頑張らなければならなくなる

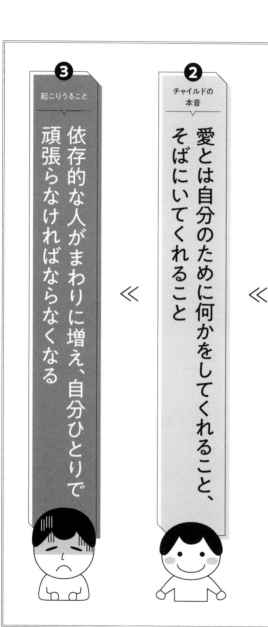

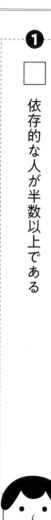

第15問

親をダメな人と思っていませんか？

3－4の美容師の藤田さんは、自分の父親をダメ人間だと思っていました。すると、それが現実化して、実際にダメ人間の父親が登場します。そして、「ほら、やっぱり！」と思うのです。この「やっぱり」というのは、「自分はそのことをわかっていた」という意味ですから、まさしく自分の思考が現実化したことになります。

あなたがもし、自分が親よりも偉いと思っているのならば、それはいつからそう思い始めたのでしょうか？　40代でしょうか？　もし、10代のあなたがそう思っていたとしたら、親の本当の姿がわかるはずもないし、親を超える能力を持っていたわけでもありません。

それでも、「そうはいっても、絶対に親はダメなやつ」という思いを捨てられない人がいます。それは、自分が大きな劣等感を持っているために、親よりもマシと思うことで、自分はそれよりも偉いんだ、と思いたいからなのです。

しかし、親の評価を落としている限り、その投影元であるあなた自身の評価を落としているのと同じですから、大損をしています。修正しましょう。

❶

□

親をダメな人だと思っている

≪

❷

チャイルドの本音

自分がダメなのは親のせい

≪

❸

起こりうること

能力がある程度までしか上がらない
部下に見下される

第16問

自分を責めていませんか？

3－4の藤田さんは、いつも妹さんに「昔いじめられた」と言われて黙って聞いていました。

実は、6問にある「親を責めていませんでしたか？」という状態の、延長線上にあるのがこれなのです。親を責めても何の成果も得られない場合、最後には自分で自分を責めて、常に罪悪感を感じるという状態になります。これを、フラクタル心理学では「見本を見せる時代」と呼んでいます。実は、心の中では、親に対して「さあ、反省というのはこうやるのよ！　私を見習いなさい！」という思いが隠れているのです。

この「見本を見せる」というのは親子間でよくあります。親が自分を可愛がってくれなかったからといって、自分の子をあてつけに可愛がりたいのだけれど、実際にはわがままで（自分そっくりで）とても可愛がれない。すると、親に「見本を見せる」ように、「私はダメな母親だ」などと自分を責めるのです。

つまり、自分を責めるのは結局、誰かを責めていることの裏返しなのです。

❶
□
自分を責めている
❷
チャイルドの本音
私みたいに、あなたも罪悪感を持つべき
❸
起こりうること
こんな私は成功してはいけないと感じ、
望む成果が得られない

第17問

親があなたを愛していたとしたら、うれしいですか？

藤田さんは長い間、お父さんを無視してきました。フラクタル心理学の講師に、「それは『お父さん、ごめんなさい』ですよ」と言われたとき、瞬間的に「父はひどいんです！」と言い返しています。

親に愛されていなかったという人たちは、「この人は何もわかってくれていない。私の父だけは例外なんだから！」と思い、「親が悪い」を続けようとします。ところが、藤田さんはそうではありませんでした。「もしかすると、私が悪かったのかも？」という考えが浮かんだからこそ、フラクタル心理学の講座に参加したのでしょう。

つまり、親が嫌いな多くの人は、「親はあなたを愛していた」と言われると、「わかってもらえない！」と怒りを感じるのです。それは、実は「親の愛なんか、最初から求めていない」という証拠です。ただ親に対して、思い通りにならなかったというわがままで怒っているだけなのを、「愛されなかった」ということで正当化しているだけなのです。

❶

□ 親が愛していたと聞いても否定したい

≪

❷

チャイルドの本音

愛されていたと受け入れたら、もう文句が言えなくなる

≪

❸

起こりうること

いつまでも本当の愛がわからず、自分は愛されていないと感じる

第18問

親に無条件に謝れますか？

親は子育てをするために、たくさんのことを辛抱します。やりたいこともやらず、買いたいものも買わず、住みたいところにも住まず。体調不良のときでさえ、あなたの食事をつくり、幼稚園に連れて行ったり、お風呂に入れたり。

あなたは世話をしてもらうのが当たり前だったことでしょう。親が出してくれたお金で大学に行きながら、授業にまじめに出なかったこともあるかもしれません。

それでも、親があなたを大切に育てたからこそ、現在のあなたがあります。

もし、あなたが親を恨んでいたり、不満を持っていたとするならば、親はどんなに残念に思うでしょうか。命がけで産み、20年以上も世話をした自分の子どもに、一生不平を言われながら、精神的にも経済的にも依存されるのです。これではまるで奴隷扱いです。

あなたにどんな理由があろうとも、まずは育ててくれた親に、当然のように不平不満をぶつけてきたことを、無条件に謝ったほうが未来は明るいでしょう。

❶

□ それでも親に謝れない

≪

❷

チャイルドの本音

親なんだから、もっとやってくれて当たり前

≪

❸

起こりうること

自分の仕事や役割が評価されず、感謝もなければ謝罪もない

第19問

人の言うことを素直に聞けますか？

3－5の設計士、井上さんは、職場でひどく怒られていました。その理由が最初、まったくわからなかったために、相手が横暴だとしか思えませんでした。しかし、誘導瞑想をしてみてはじめて、自分のほうが横暴だったとわかったのです。

これはある意味、すごいことです。ここまで人は、自分のしていることが見えないのです。まるで合わせ鏡の中にいるように、自分の姿がまわりに映ってしまい、その鏡しか見えないために相手が横暴なのだと信じて疑いません。もちろん、井上さんもきっと上司から、「人の言うことを聞け！」と言われていたことでしょう。しかし、いったん「向こうが間違っている」と思い込むと、どんな言葉も理不尽にしか聞こえません。

井上さんも気づいたように、人の言葉が聞けないのは、聞いたら負けだと思っているチャイルドがいるからです。このようなときは、人の言葉を聞きながら、頭の中ではすでに反論を考えているのです。あなたも一度、人の話を聞いているときの自分の頭の中に注意してみましょう。

❶

□ 人の言葉を素直に聞けない

≪

❷ チャイルドの本音

人の言葉を聞いたら負けだ

≪

❸ 起こりうること

いつも頭の中で反論がまわって、人の言葉が聞けず、能力が伸びない

第20問

ヒエラルキーを守れますか？

井上さんは子どもの頃、家の中で自分が一番偉いと勘違いしていました。

日本の家庭では通常、年上が偉いとなっていますから、親はもちろん、兄弟間でも、弟や妹が兄を名前で呼んだりはしません。「お兄ちゃん」と敬称で呼ぶのが正しいのです。だから、第一子は自分が一番偉いと思いがちです。

しかし、あなたが下の子なら、このような序列に反発を覚えたかもしれません。「何で、お兄ちゃんの魚が僕のより大きいの？」「何で、お兄ちゃんは2個食べて、僕は1個なの？」と文句を言って駄々をこね、お兄ちゃんより多くもらってニンマリする……なんてことはなかったでしょうか。これは家族の誰よりも特別扱いされることを請い、その結果、年上を低く扱ったことになります。

こうした行いは、「人は実績にかかわらず平等に扱われるべき」と法をつくったに等しいのです。ということは、あなたは会社に入って10年勤務しても、新人に尊敬されず、何か差別されるか、あなた以外の人が不当に優遇されるかもしれません。

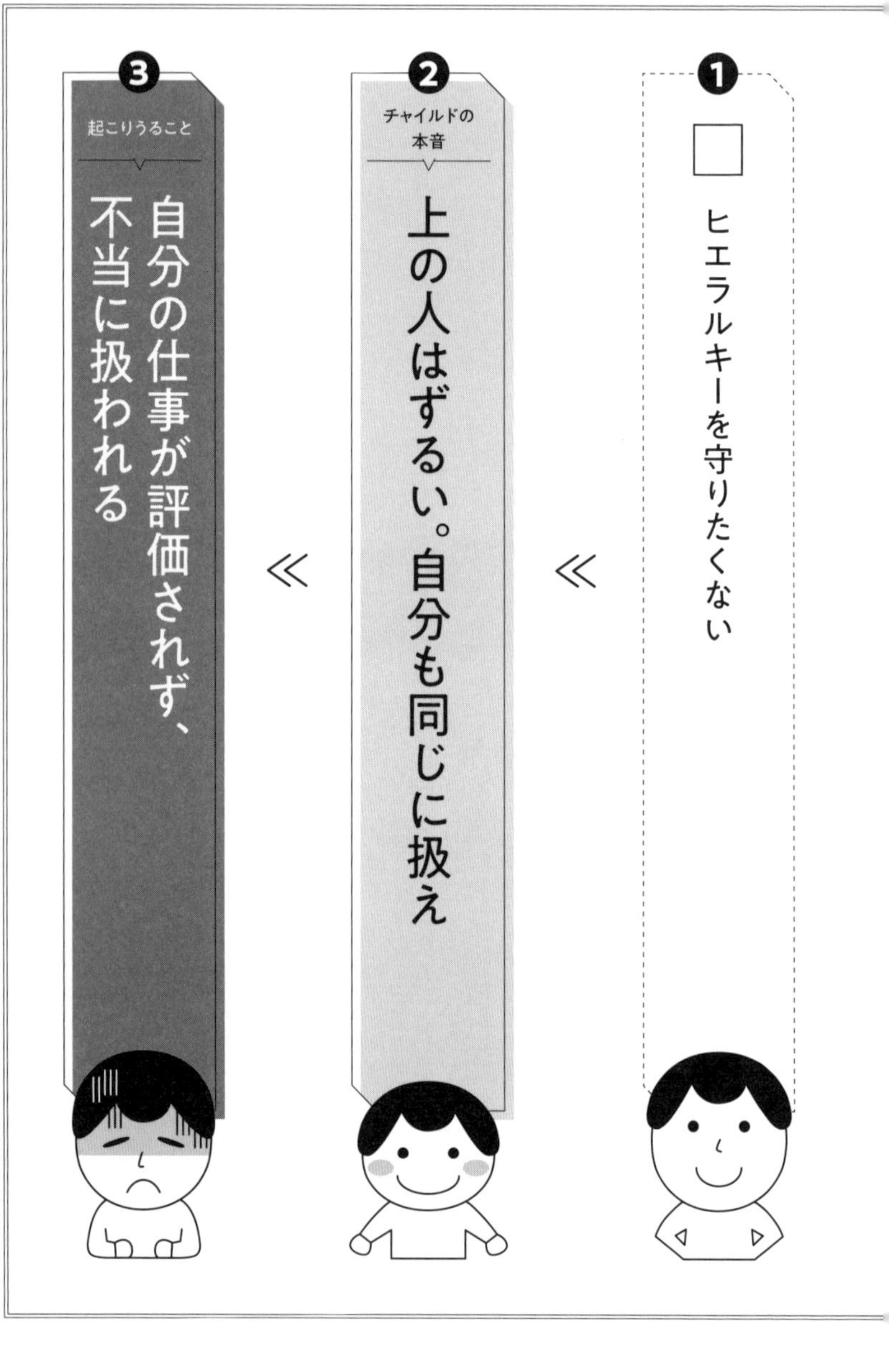

1
ヒエラルキーを守りたくない
≪
2
チャイルドの本音
上の人はずるい。自分も同じに扱え
≪
3
起こりうること
自分の仕事が評価されず、不当に扱われる

第21問

人生は成り行き任せだと思っていませんか？

井上さんはフラクタル心理学を知って、人生がコントロール可能になりました。その状態になったからこそわかるのですが、それまでの人生は「コントロール不能」「成り行き任せ」だったのです。

「人生はあきらめが肝心」と言う人もいますが、フラクタル心理学ではそうは考えません。たしかに、すぐには思い通りにはなりませんが、時間をじっくりかければ、自分の思った方向に進んでいくのです。あきらめなくてもいいのです。

しかし、人生は成り行き任せと思っていたほうが、都合がいい人たちもいます。それは、「怠慢」な人たちです。人生の責任を取りたくないので、コントロールできないと聞くと逆に安心します。こうなったのは自分のせいではないと言えるからです。そして、頑張るよりも、運命の犠牲者のようにふるまって、与えられて生きたほうが楽だからです。

しかし、人生は成り行き任せではありません。それを受け止めるにはまず、自分の人生に責任を取る勇気を持つことが必要です。

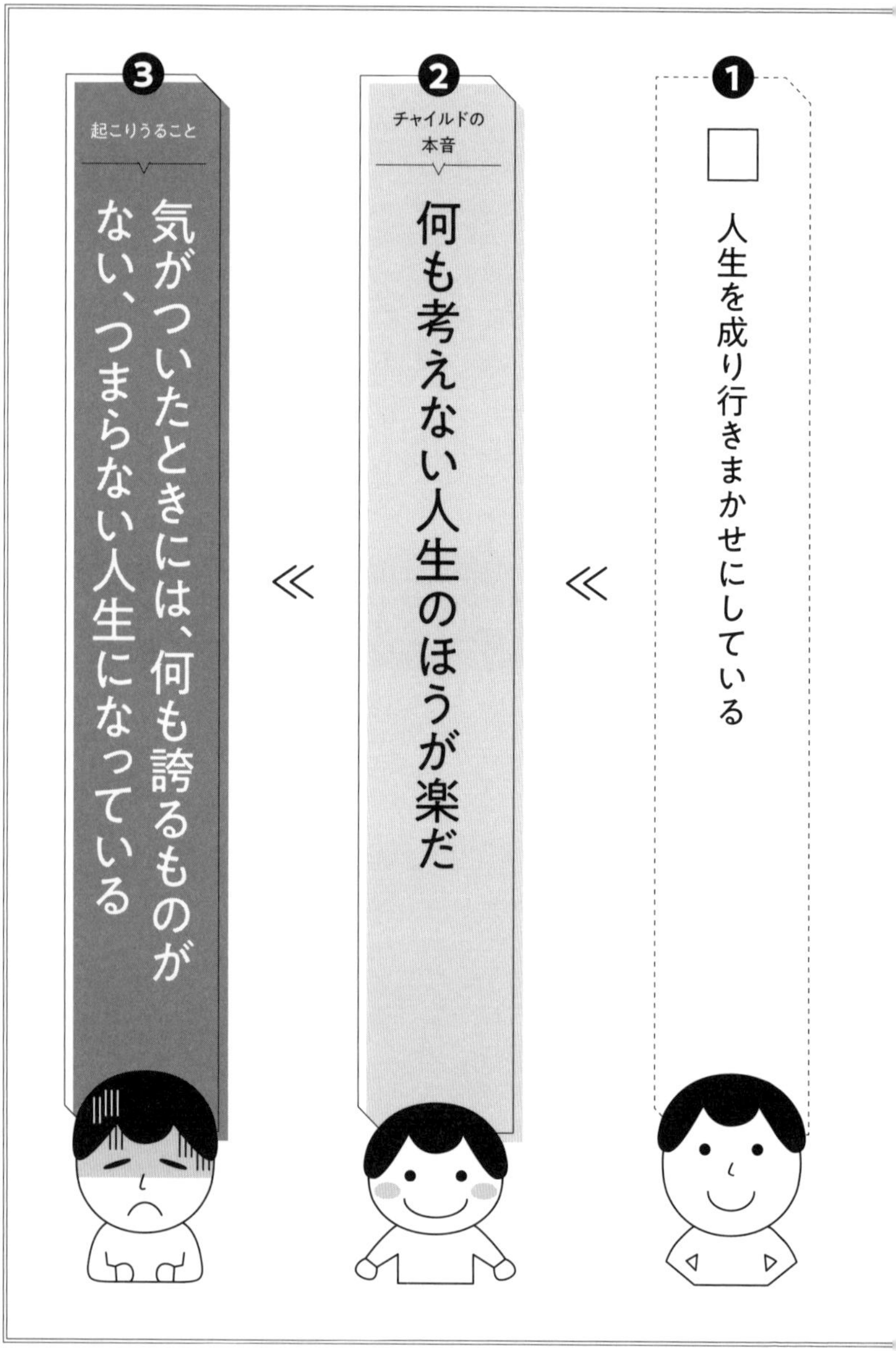
❶
□
人生を成り行きまかせにしている
≪
❷
チャイルドの本音
何も考えない人生のほうが楽だ
≪
❸
起こりうること
気がついたときには、何も誇るものがない、つまらない人生になっている

第22問

最近気になるニュースは何ですか？

3－6の歯科経営コンサルタント、渥美さんは、自分が気になるニュースの中に、自分の問題のための答えがあると知って驚愕しました。これは、フラクタル心理学の手法のひとつで、LDPというものです。

あなたも、最近追いかけて見るような気になるニュースや問題はないでしょうか。渥美さんのケースはまだ緊急の問題ではないのですが、多くの場合、緊急に対処しなければならない問題については、それと相似形で映っているニュースに対して怒りが湧いて、そのニュースを追いかけて見たくなるのです。

たとえば、ある国に対して「ちゃんと謝れ！」と言いたいとか、ある人に対して、「責任を取れ！」と言いたい場合、実はその言葉は自分のインナーチャイルドに向けるべきものなのです。

あなたが注意深くいろいろなニュースを拾って、それに言いたいことを並べてみると、きっとあなたの深層意識の問題点の傾向が自分でわかるでしょう。

❶

□

最近気になるニュースがある

≪

❷

チャイルドの本音

（ニュースの腹が立つ相手がしていることを）したい

≪

❸

起こりうること

（一例として「責任を取ろうとしないとき」）いつまでも責任を取らないでいると問題が大きくなる

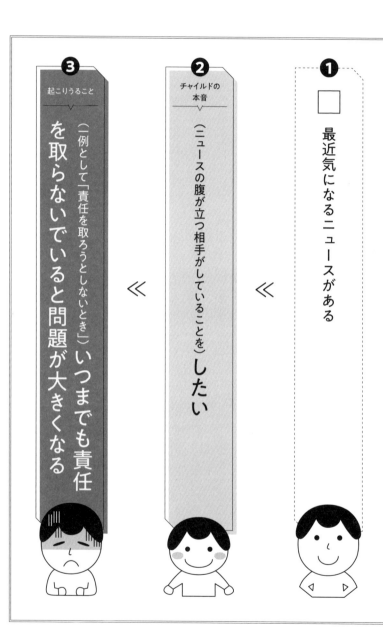

第23問

部下に裏切られたことはありますか？

渥美さんの話の中で、「スタッフによる金品の横領、スタッフの一斉退職、労働訴訟、労基署への密告をされた歯科医がいる」という話が出てきました。つまり、雇い主である歯科医がスタッフに裏切られたのです。そして渥美さんの話では、こういう歯科医は父親との関係が悪い、ということでした。

これはどういうことかというと、部下に裏切られるという人は、実は自分が過去に親を裏切った人なのです。しかし、子どもの立場のときには、親には何をしてもいいと思っていることが多いので、自分が親を裏切ったなどとは思ってもいないことが多く、それどころか親が悪いのだと思っていたりするものです。たとえば、親に大金を払わせておきながら、感謝もないとか。親に嘘をついてお金をもらい、使い込むとか。親の愛情を逆手に取っているのです。

自分が人に裏切られた体験がある人は、自分が親を裏切っている相似形だということを認識しましょう。

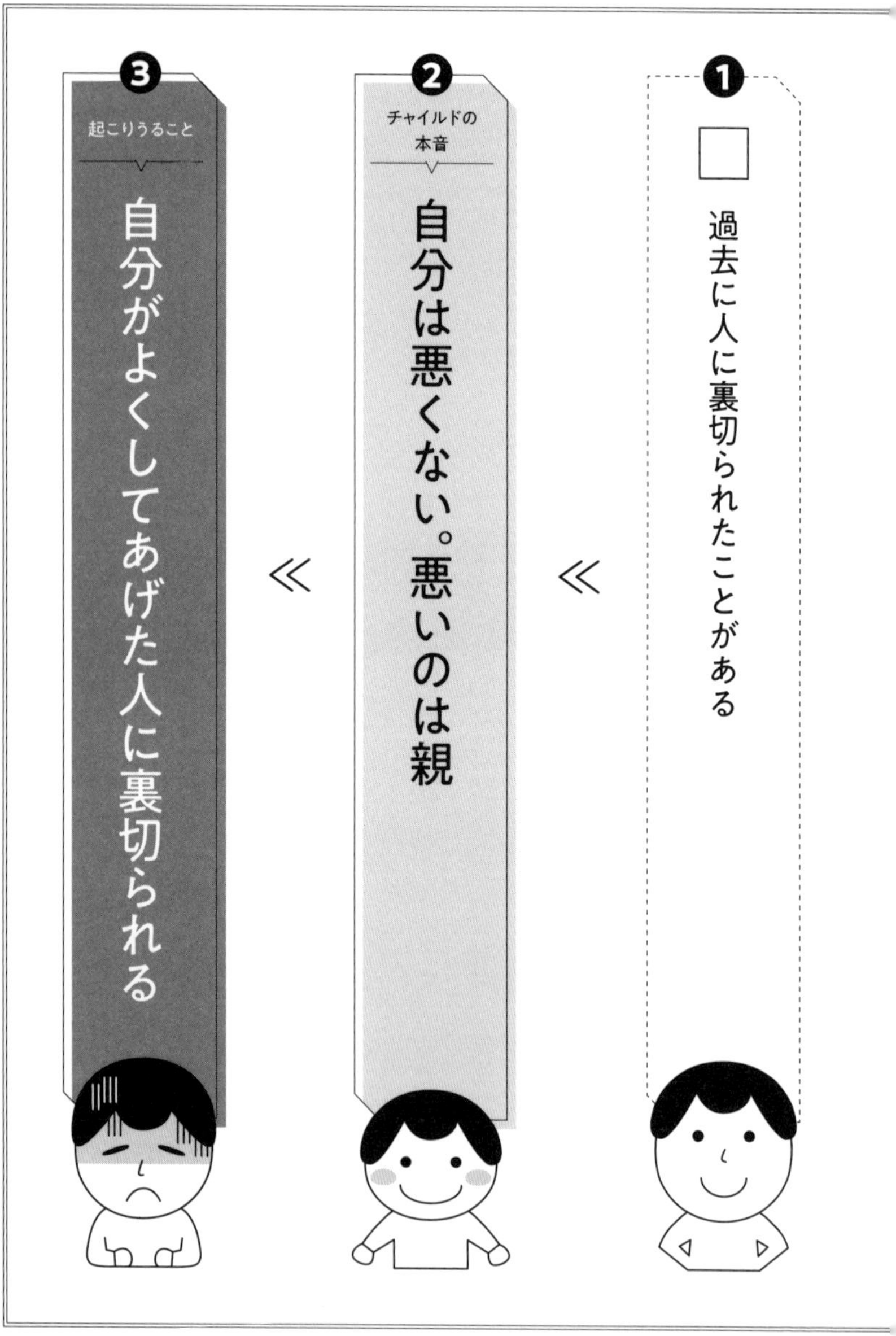
❶
□
過去に人に裏切られたことがある
❷
チャイルドの本音
自分は悪くない。悪いのは親
❸
起こりうること
自分がよくしてあげた人に裏切られる

第24問

まわりに病気の人はいますか?

渥美さんは、お母さんが「しんどい」と言うようになったことが気になっていました。そして、それは自分の心と連動していると気づきました。

これと同じように、もしあなたが心に何か病気を起こすようなことを考えていると、それは家族と連動します。ですから、逆に家族を観察すると、あなたの心の中にある病気の種に気づくことができ、これを少なくすることが可能です。

次のような人は、病気の種を持っているかもしれないので注意しましょう。

1．家族に重病人がいる
2．家族に身体が不自由になった人がいる
3．家族に早死にした人が多い

このような場合、少しでも自分の身体を守るためには、自分が身体をコントロールできるという思いを増やすことが大切です。もちろん、現在自分が病気である、または過去に重病だった、という方は、これを修正したほうがいいでしょう。

❶
□
まわりに病気の人がいる

≪

❷
チャイルドの本音
自分では身体をコントロールできない

≪

❸
起こりうること
まわりに左右されやすく、一度病気になるとなかなか治らない

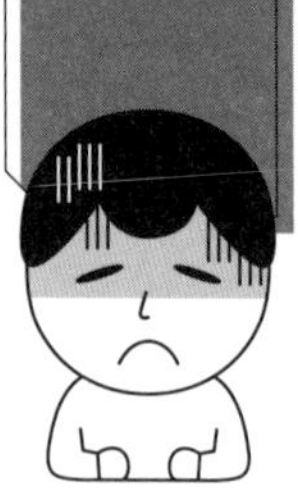

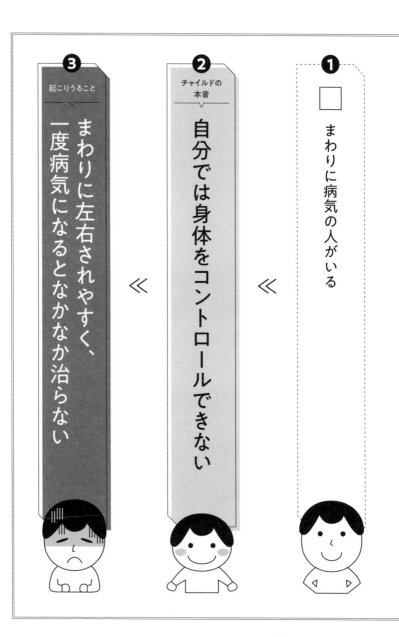

第25問

あれこれ手をつけていませんか？

あなたがもし、何かに秀でた実力を身につけたい、と思ったら、ひとつのことに集中するほうがいいです。渥美さんは、いろいろと手を出していたようですが、一見それは頭がいいやり方のように見えて、実はとても効率が悪いことだと気づきました。

理屈ではわかっていても、それがなかなかできない人がいます。それはとくに、一番上でも下でもない子（中間子）がよく陥る心理です。親があまりかまわなかったために、居場所がないと感じて、落ち着かないのです。このタイプは、いつも遠くにあるものに憧れる癖があります。そして、今していることに集中できず、もっといいものがあるはずだと感じて、いろいろと手を出しては、すぐにやめてしまいます。結局、自分のほしいものは手に入らず、他の人のほうが優遇されているように思えて、またつまらなくなるのです。結局、忍耐力が育たず、自由でいようとします。

いつまでも青い鳥を探すのはやめて、今いる場所にまずは落ち着きましょう。すると、十分にできたと感じる日が来ます。それから手を広げればいいのです。

❶

□ 今やっていることに満足できない

≪

❷ チャイルドの本音

コツコツとひとつのことをやるなんて嫌だ

≪

❸ 起こりうること

何もかも中途半端で、自信が持てるものがない

第26問

自由になりたいと思っていませんか？

「自由になりたい」は、前述の忍耐力がないタイプの人の言い訳によく使われるものです。「こんなぎすぎすした社会はいやだ」とか、「ずっと親に抑圧されてきた」などと思っていて、「ああ、自由になりたい！」と言います。

一見もっともな言い分なのですが、その「自由とは何か」をよく考えてみましょう。幼児の頃は、いつでも好きなときに遊べました。時間に追われることもありませんでした。これが初期設定なので、幼稚園や学校に行くようになると、時間に追われたり、土日しか休みがないということに、幼い心は不満を持つのです。

大人になれば、この規律の重要性に気づいて親の「抑圧」を忘れますが、一部の人は、相変わらず幼児の頃の自由を覚えていて、それに憧れ続けます。

大人の世界で本当に「自由」になったら、それは失業を意味します。成功したら自由になれると勘違いしている人がいますが、逆に成功者は分刻みで忙しく、自由ではありません。でも仕事の重要性を知っているので、それに不満を持つことはないのです。

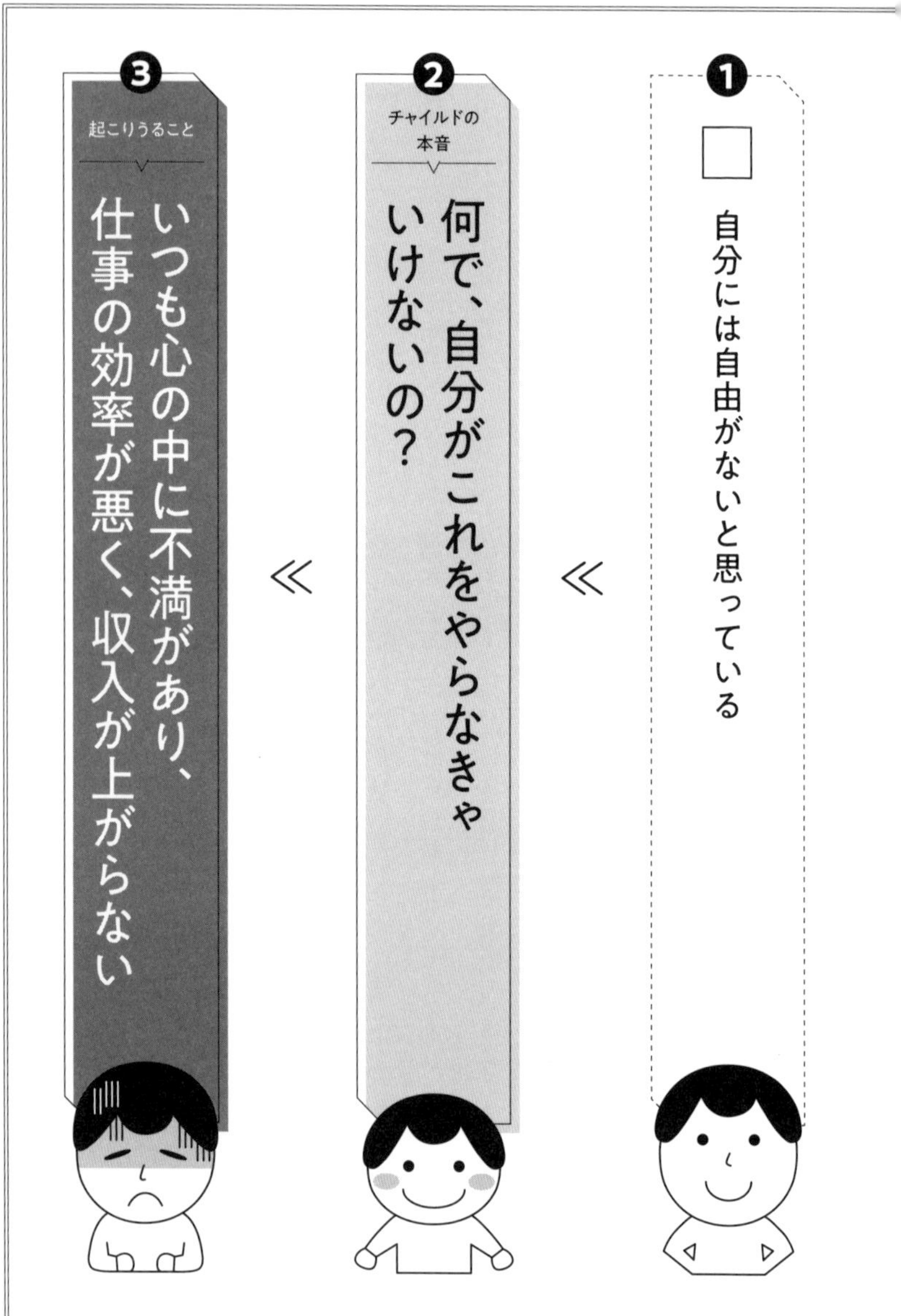
1
自分には自由がないと思っている
2
チャイルドの本音
何で、自分がこれをやらなきゃいけないの？
3
起こりうること
いつも心の中に不満があり、仕事の効率が悪く、収入が上がらない

第27問

楽をしたいと思っていますか？

3－7のケースの山谷先生は、「楽をしたい」といつも思ってきたと言っていました。そして、『人生乗り換えの法則』を読んで、その考えが解雇されるなどの結果を引き起こすということがあると知り、息子さんのひきこもりも、自分の「楽をしたい」という気持ちと関係があることに気づきました。

「楽をしたい」というのは、緊張感がなくなる方向に行くことです。緊張感があると、「ストレスを感じる」となり、それはいけないことだと思う人がいますが、間違いです。緊張感があるからこそ、若さと健康が保たれ、意欲が保たれます。ですから、大人が子どものような「楽」を求める生き方をすると、生きがいが感じられなくなっていきます。子どもの頃は、「楽をする」ことが楽しい生き方だと感じていたのですが、それは大人の世界では間違っているのです。

できないことに挑戦し、それをできるようにしていく。その緊張感がワクワクを呼び、若さと生命力を保つのです。緊張感を好きになりましょう。

❶

□

楽をしたいと思っている

≪

❷

チャイルドの本音

緊張感はストレスだ

≪

❸

起こりうること

誰もができることしかできないために、よい仕事につけない

第28問

助けがあれば成功できるのにと思っていませんか？

山谷先生は、人生の主役になりたいという希望を元々持っていました。しかし、そのくせみんなと一緒にいても、目立たないようにしていようという希望もあったので、どうしていいかわからなかったのです。でも本当に主役になりたいのだと気づいたとき、「自分の力で何でもできる。自分でやりなさい」という修正文をつくりました。

一部の人は、自分はもう少し何かできるはずだ、と思いながら、できないのは、よいサポートがないからだ、と思っています。成功した人の話から、「あの人のようによい上司に出会えたら、自分だって成功するのに」と思っています。実は、この発想そのものが、成功できない発想なのです。それは「依存」だからです。そのような依存がある限り、前には進みません。まず、「自分の力で何でもできる！」と信じて行動しましょう。半分以上進んだ頃に、よいメンター―が現われるでしょう。

依存が手放せないのは、まだまだ主役になるために必要な努力をする決意が足りないときなのです。

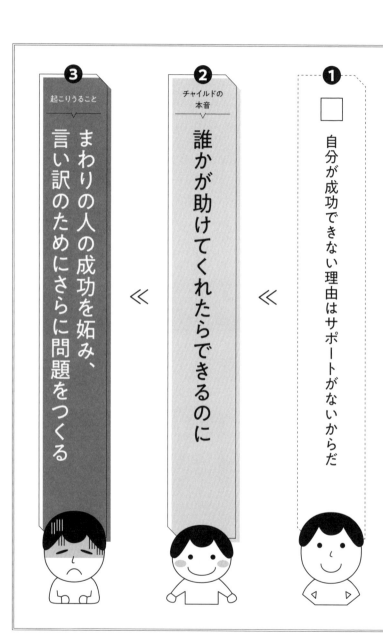

❶

□

自分が成功できない理由はサポートがないからだ

≪

❷

チャイルドの本音

誰かが助けてくれたらできるのに

≪

❸

起こりうること

まわりの人の成功を妬み、言い訳のためにさらに問題をつくる

第29問

親の才能を知っていますか？

山谷先生が、「自分も人前に出て活躍しよう」と決意したとき、お母さんの姿が今までと違って見えてきました。「それまでは引っ込み思案なイメージだったのに、急に、学校の文化祭で堂々と話す姿が思い出されたのです」と、話されていました。

もし、あなたが何かに成功したいと思っているときに、それと逆の親の姿が思い浮かぶならば、勇気が出ないでしょう。それは、まだ本当にはやりたくないから、親の失敗した姿を思い出してしまうのです。あなたがもし、「絶対にやるぞ」と思ったときには、その未来と重なるすばらしい親の姿が見えてきます。すると、あなたは勇気が湧くことでしょう。

つまり、「親に才能がないから自分は成功できない」のではありません。それは言い訳なのです。自分がやる気を出せば、親にも才能があったことが思い浮かび、それがまた、自分を勇気づけて前進させます。ですから、今とくに野望がない人も、まずは親の才能を見直してみましょう。あなたが気づいていない才能を、親は持っているかもしれませんね。

❶

□

親には才能がないと思っている

≪

❷

チャイルドの本音

親に才能がないのだから自分にもない挑戦はやめよう

≪

❸

起こりうること

まわりの人より自分は劣っていると感じて劣等感に浸る

第30問

心の中で不安をあおっていませんか？

山谷先生は、昔、吃音の癖があったときには、心の中でいつも、「また失敗してしまうのではないか」という予期不安がありました。しかし、それは「責任を取ることが嫌で、力を発揮できないようにするブレーキ」だったと気づいたのです。

あなたの心の中で、「どうせダメだ」「絶対にムリ」というような、不安をあおるような言葉はありませんか？　それは過去の体験から来ていると思っていませんか？　しかし、本当は過去とは関係がなく、責任を取りたくないだけなのです。

責任をはたすには、頑張らなければなりません。その忍耐力がないために、自分は弱いと言い聞かせ、頑張らないようにしているのです。それは一見、楽な生き方のようですが、最終的にはつらい生き方となります。早めにこの不安をあおる癖に気づき、直したほうがいいでしょう。

ピアノやダンスなどの習い事も、たくさんの練習という実績がなければ発表会が怖いのは当たり前。ですから、それをトラウマだとか病的だと思うのはやめましょう。

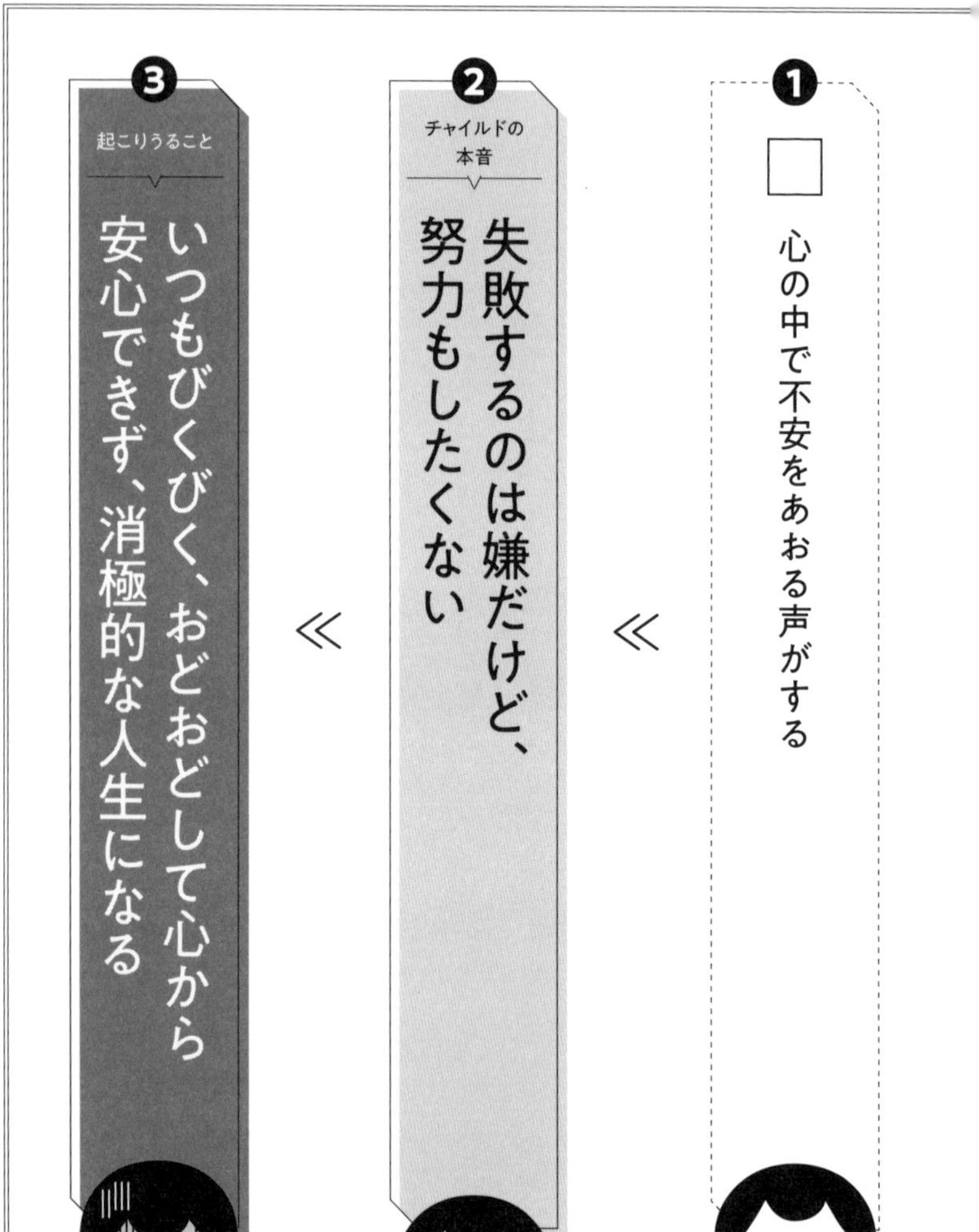
❶
心の中で不安をあおる声がする
≪
❷
チャイルドの本音
失敗するのは嫌だけど、努力もしたくない
≪
❸
起こりうること
いつもびくびく、おどおどして心から安心できず、消極的な人生になる

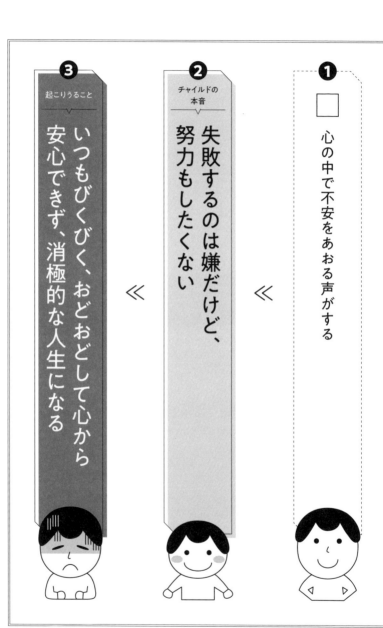

5-2 インナーチャイルドの修正の仕方

30の質問のチェックはいかがでしたか？　チェックが多いほど、インナーチャイルドの存在が大きいと言えます。

若い人は当然、年配の人よりも多くなります。しかし、多いということは、修正すればそれだけ伸びしろがあるということですから、ぜひしっかりと修正しましょう。

フラクタル心理学は、幼児期をイメージすることで、古い思考回路にアクセスできることを発見しました。つまり、一般的なインナーチャイルド療法が、「トラウマとなった古い記憶」を修正するのに対して、フラクタル心理学では、記憶を修正するのではなく、「記憶のように見える古い思考回路そのもの」を修正していきます。

この違いは何かというと、フラクタル心理学では、古い回路に新しい能力を書き込んだり、性格を変えたりできるということです。

フラクタル心理学での修正は次のように行ないます。

インナーチャイルドの修正プロセス

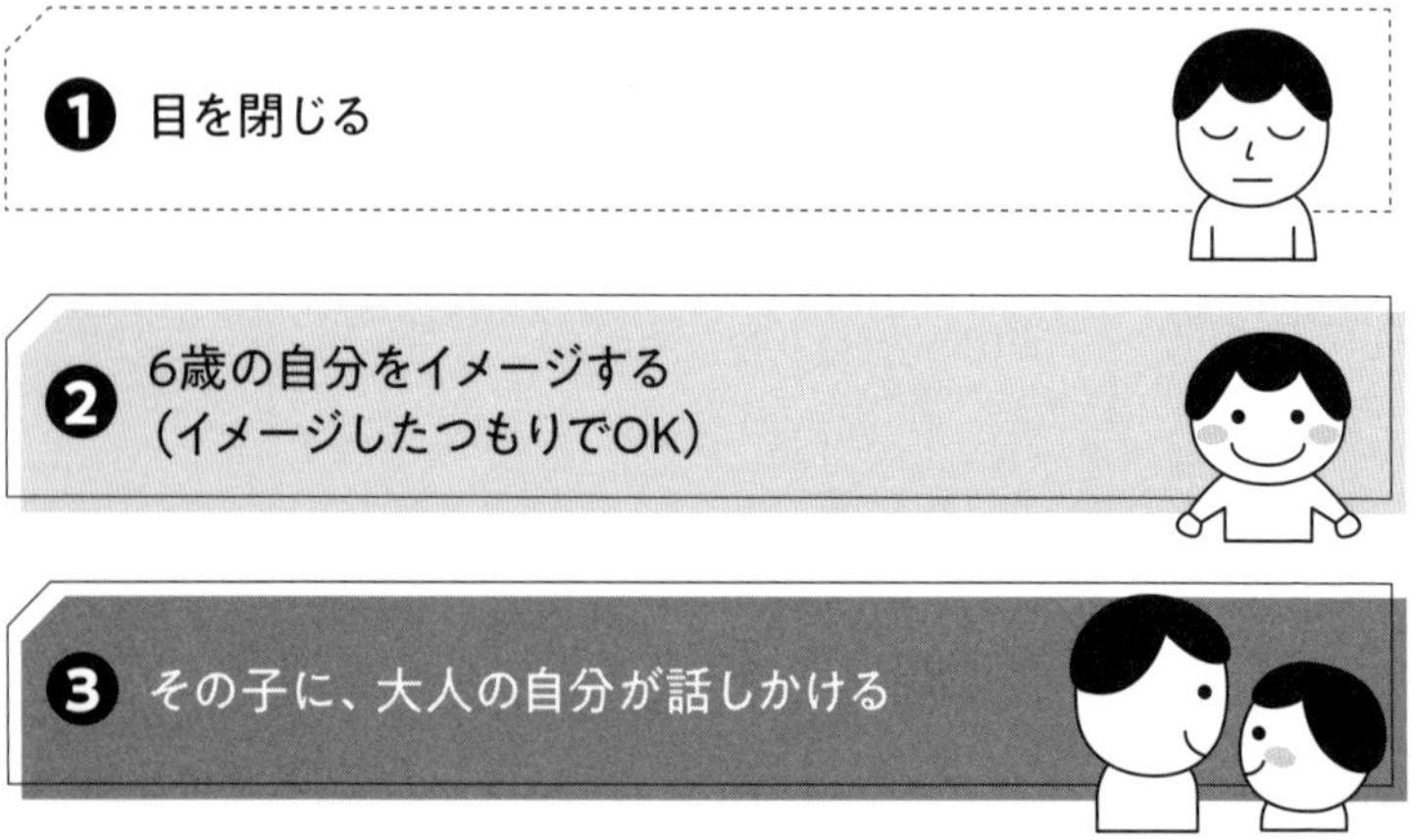
❶ 目を閉じる
❷ 6歳の自分をイメージする
（イメージしたつもりでOK）
❸ その子に、大人の自分が話しかける

1．目を閉じる

2．6歳の自分をイメージする
（イメージしたつもりでOK）

3．その子に、大人の自分が話しかける

ここでは、第1問を例にとりましょう。

第1問　空想が好きですか？

□ネガティブな空想をしていることがある

ここにチェックがついたとしましょう。

話しかける言葉は、次のようになります。

①あなたはいつもネガティブな空想をしているんだね

②そして、大変なことが起きるとワクワクするんだね

③でもね、それは間違っているよ。ネガティブな空想をすると、つらい体験や痛い思いをするよ
④だから、現実化したらとてもうれしいと思えることを想像しなさい。そのほうがいいよね
⑤大人の私は、あなたがとても大好きだよ

こんなふうに言います。これが修正文というものです。
他の質問のチェックにも応用できるよう、右の①〜⑤を説明しましょう。

①これは問題となる思考回路を呼び出す方法です
②チャイルドの本音をもとに、その問題に絡む思いを確認します
③間違いだとはっきり言います。そして、どうしてダメなのか理由を伝えます
④それをやめて、どうすべきかを伝えます（自分で考えてみましょう）
⑤愛を送ります

①②③は、質問のページから拾って文章をつくります。すると、自分用の修正文ができあがります。これをベッドの中で5回くらい繰り返します。そして眠りましょう。

あなたがするのは、これだけです。大切なのは続けることですから、最初から頑張って修正しようとせずに、まずはこれをできるだけ長く続けましょう。

すると2週間くらい経った頃、何かいつもと違うことに気づくことでしょう。


修正の最終目的は、「自分で選べる状態へ行くこと」です。「あなたの人生は、あなた自身が責任を持って選択ができる」という自信こそが「自立」であり、本当の「自由」は、精神的自立からです。あなたが自分で自分に大きな喜びを与えられる人生をこれからつくり出すために、他者に投影されたあなたのインナーチャイルドの間違った部分をしっかりと認識し、古い思考の修正を行ないましょう。これが、思考が現実化する仕組みを使った〝現実を変える方法〟なのです。

フラクタル心理学は、これからの時代を自由に楽しむために必要な英智に溢れています。私は、ひとという鏡に振りまわされる人生から、思考が現実化する仕組みを知ることで、鏡に向かってにっこりと笑える人生の主導権を取り戻しました。

本書が、あなたの人間関係に対する悩みに切り込み、人生に降りかかる恐れや否定という錯覚から解放される一助となることを願っています。悩みはただの深層意識の投影です。過去の自分だから絶対に超えられます。未来も過去も今のあなたの中にあるのです。

参考

一元という意味

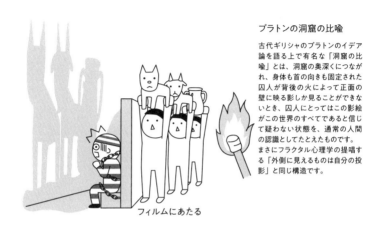

プラトンの洞窟の比喩

古代ギリシャのプラトンのイデア論を語る上で有名な「洞窟の比喩」とは、洞窟の奥深くにつながれ、身体も首の向きも固定された囚人が背後の火によって正面の壁に映る影しか見ることができないとき、囚人にとってはこの影絵がこの世界のすべてであると信じて疑わない状態を、通常の人間の認識としてたとえたものです。

まさにフラクタル心理学の提唱する「外側に見えるものは自分の投影」と同じ構造です。

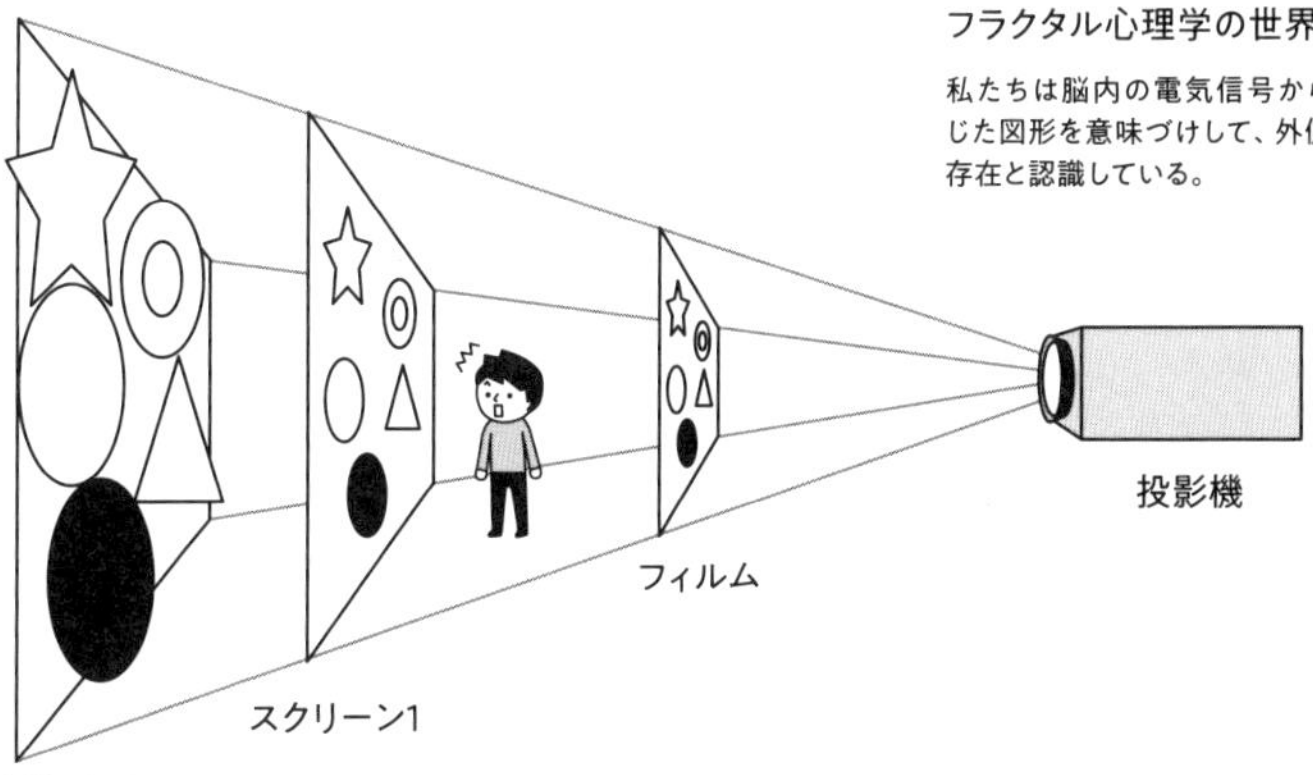

フラクタル心理学の世界観

私たちは脳内の電気信号から生じた図形を意味づけして、外側の存在と認識している。

おわりに

「白石さん、これはどういう意味ですか？」

古市編集長とのやりとりはいつも「わからない」から始まりました。フラクタル心理学は、それほど難解だったのでしょう。それでも、アドラー心理学、マインドフルネスなどをまだそれらが無名の時代に「これは現代の困りごとの役に立つ！」と使命感で世に送り出してきた編集長には、何かフラクタル心理学に感じるものがあったようです。そして、出版のチャンスをいただけたのです。

出版会議でお会いしてすぐ、「絶対に書きますか？」と覚悟を決めることを求められました。その勢いに「はい！　絶対に書きます！」とふたつ返事をしてから、構想に1年。やはりフラクタル心理学を本にするのはむずかしく、1年後、やっと形になり、一色先生に監修をお願いして併走していただいてさらに1年。そのほかにも多くの方のお力をいただいてやっとこの本が完成いたしました。一色先生には感謝に堪えません。

さて、この本の「魔法」に気がついたのは、原稿を書き終えて1ヶ月経った頃でした。

校正のために2回読み終えた編集長からの突然の電話の内容に驚きました。

「白石さん、フラクタル心理学は問題を解決することがゴールなのではなく、人が今までより幸せな人生をつくれると伝えるためにあるのでしょうか？」

私は全身に鳥肌を立てながら、「そうです！　その通りです！」と答えたのです。フラクタル心理学を学んでいなくても、わからないとしても、本書を2回読めば気づける！　これはまるで魔法のような出来事でしたが、同時に確実な手応えを感じた瞬間でした。

この世界の真実を解き明かした「フラクタル」という法則は、人の心だけではなく身体の不具合にも有効だとわかってきました。天城流湯治法創始者　杉本錬堂氏は、「身体の不調の原因は痛むところにはない」とおっしゃいます。天城流湯治法のメソッドの核たる部分に、身体をフラクタルで診ることが挙げられます。相似形（フラクタル）で痛みの原因を見つけるのです。まさにフラクタル心理学と同じく、相似形が問題解決の鍵なのです。

もし、あなたがこの本を読んで身近な人間関係の改善に可能性を感じてくださったら、どうぞお近くのフラクタル心理カウンセラーをお訪ねください。私たちカウンセラーはみな、あきらめていた自分の問題をフラクタル心理学で解決できたからこそ、この仕事を選びました。悩みがあるならば、きっと1章のような癒し体験が待っているはずです。

この本をつくるにあたって、編集長と一色先生の他にもたくさんの方々のお世話になりました。フラクタル心理学をアメリカで広める活動をしておられるハリウッド女優の中村佐恵美さんには、そのお写真で帯を美しく飾っていただくことができました、まえがきを快くお受けくださった関西学院大学の加藤雄士教授へも厚くお礼申し上げます。また、一般社団法人フラクタル心理学協会、ならびに講師陣の皆さま、株式会社アクエリアス・ナビの皆さまには取材の手配などでご尽力をいただき、誠にありがとうございました。体験談の取材を快諾していただいた皆さまにも感謝の気持ちでいっぱいです。

途中、書き上げることができるのかと弱気になった心に、「あなたなら大丈夫」と真正面から気合を入れてくれた両親。私が何をやっても、そっと応援してくれた夫、家族にも感謝の心を送りたいと思います。

また、同文舘出版の著者たちが運営する「九州出版会議」の運営メンバーの最高のサポートにも感謝しています。本の出版への遠い道のりに戸惑う私に、先輩だからこそわかる黄金のアドバイスと、昔からの友人のような歓迎の姿勢、学生のような楽しい飲み会でいつもあたたかく迎えてくださり、ありがとうございました。

この本があなたにとって、心に革命を起こすきっかけとなりますように。

2020年1月4日

実践した人だけが知る高みへ
——監修者あとがき——

フラクタル心理学開発者　一色真宇

私が白石美帆さんと出会ったのは、８年前（２０１２年）の秋でした。

当時、広島では数人の有志が集まって、東京から来る講師のために積極的に集客をしてくれていたのですが、なかでも情熱を持って活動してくれたのが白石さんでした。

その白石さんは、４年前のある日、私にこう言ってくれました。

「一色先生、私はフラクタル心理学という名前を誰もが知っている世界にします！」

私はありがたく聞いていましたが、そう言ってくれる人はたくさんいました。しかし、フラクタル心理学はかなり特殊なものですから、その達成はむずかしいものでした。

ところが、白石さんは違いました。有言実行で自分で出版社を見つけ、ついに２０２０年、自分でフラクタル心理学の本を出すという快挙を実現してくれました。数千人の受講生がいるなかで、彼女が初めて本を出してくれたのです。こんなにうれしいことはありません。

フラクタル心理学をしっかりと実践してきた白石さんならではの伝え方で、多くの人に理解していただけるすばらしい内容の本ができたと喜んでいます。私からではなかなか伝わらないことも、白石さんの手で、共感を持って皆さまの心に浸透していくでしょう。

本書には、「今までのネガティブな出来事の原因はすべて自分にある」など、認めたくない内容もあるかと思います。しかし、勇気を出してそれを認め、実践した人だけが得られるものがあり、見える世界があります。それは、ふもとの世界しか知らなかった人が、山の頂上から世界を俯瞰して見るような境地です。頂上に上るには並々ならぬ努力が必要になりますが、到達できたときの境地は比類なきものです。

フラクタル心理学は、自分の人生にはもっと何かあるはずだ、と思っている人のために存在しています。実際にその通りなのです。私たちにはもっと可能性があるのですが、過去の間違った認識にとらわれている間は、その能力が開発できないのです。

あなたが今まで想像もしなかった、すばらしい人生の目的にたどり着くために、本書がお役に立つことを切に望んでいます。

また、このような機会をくださった古市編集長と、推薦のことばをいただきました加藤雄士教授、そしてさまざまな形で応援してくださった受講生の皆さまに心よりお礼申し上げます。

［参考］
フラクタル心理学マスターコーステキスト

フラクタル心理学のお問い合わせ

フラクタル心理学のお問い合わせは
一般社団法人　フラクタル心理学協会
〒150-0013 東京都渋谷区恵比寿4-11-8-601
電話：03-6450-2476（平日10:00～18:00）
https://taw.ac/
全国で開催の「ひとを変える魔法体験セミナー」は、
以下のQRコードから

著者略歴

白石美帆（しらいし みほ）

一般社団法人フラクタル心理学協会認定　フラクタル心理カウンセラー、航空専門校インターナショナルエアアカデミー広島校講師
九州旅客鉄道株式会社（JR 九州）入社後、婦人科の病を患い退社。心と身体の関係を知りたくて、フラクタル心理学と出会い、すべての謎がとけ、以来フラクタル心理学を学ぶ。カウンセリング歴 14 年。
フラクタル心理学　美容・健康コース講師。

監修者

一色真宇（いっしき まう）

2004 年、現象はすべて自分の意識とフラクタル構造になっているということから、世界が完全投影であることを発見した。それを TAW フラクタル現象学と、過去と人を変えることができるフラクタル心理学®として完成させる。2005 年からフラクタル心理学を使って数千人のカウンセリングを行なってきた。現在、フラクタル心理学協会会長。

ひとを変える魔法

フラクタル心理学で過去と他人を変える法

2020 年 2 月 18 日　初版発行
2023 年 6 月 20 日　5 刷発行

著　者――白石美帆

発行者――中島豊彦

発行所――同文舘出版株式会社
東京都千代田区神田神保町 1-41　〒 101-0051
電話　営業 03（3294）1801　編集 03（3294）1802
振替 00100-8-42935
http://www.dobunkan.co.jp/

ISBN978-4-495-54061-6

印刷／製本：萩原印刷　　Printed in Japan 2020